250 ACTIVIDADES SOCIOMOTRICES PARA FÚTBOL Y FÚTBOL SALA

Por

Francisco García Ocaña

Licenciado en Educación Física

Entrenador de fútbol

4ª Edición

EDITORIAL PAIDOTRIBO

España

Editorial Paidotribo
Les Guixeres
C/ de la Energía,19-21
08915 Badalona
Tel.: 00 34 93 323 33 11
Fax: 00 34 93 453 50 33
www.paidotribo.com
paidotribo@paidotribo.com

Argentina

Editorial Paidotribo Argentina
Adolfo Alsina, 1537
C1088 AAM Buenos Aires
Tel.: 00 54 11 4383 64 54
Fax: 00 54 11 4383 64 54
www.paidotribo.com.ar
paidotribo.argentina@paidotribo.com

México

Editorial Paidotribo México
Pestalozzi, 843
Col. Del Valle
03100 México D.F.
Tel.: 00 52 55 55 23 96 70
Fax: 00 52 55 55 23 96 70
www.paidotribo.com.mx
paidotribo.mexico@paidotribo.com

© 2008, Francisco García Ocaña

Editorial Paidotribo
Les Guixeres
C/ de la Energía, 19-21
08915 Badalona (España)
Tel.: 93 323 33 11 – Fax: 93 453 50 33
http://www.paidotribo.com
E-mail: paidotribo@paidotribo.com

1ª reimpresión de la 4ª edición:
ISBN: 978-84-8019-263-7
Fotocomposición: Editor Service, S.L.
Diagonal, 299 – 08013 Barcelona
Impreso en España por A & M Gràfic

Índice

250 actividades sociomotrices para fútbol y fútbol sala

CAPÍTULO 1

FUNDAMENTACIÓN TEÓRICA

Actualmente, el proceso de entrenamiento y enseñanza-aprendizaje discurre sobre dos grandes corrientes metodológicas: analítica-mecanicista y sistemática-estructural.

La primera, basada en teorías conductistas (Watson), nos muestra la realidad (competición) fragmentada en una serie de elementos (técnicos-tácticos-condicionales). Dichos elementos o partes son presentados en el proceso de enseñanza o entrenamiento de forma aislada, por separado, con el fin de ser asimilados por parte del jugador de una manera más eficaz.

El proceso mencionado constaría de tres grandes apartados:

a) El primero de ellos sería determinar y descomponer cada uno de los elementos que configuran el conjunto (el juego-competición):

   a.1) Acciones técnicas:
      – Ofensivas: pase, conducción, regate...
      – Defensivas: despeje, interceptación...
   a.2) Acciones tácticas:
      – Ofensivas: marcaje al hombre, mixto, repliegue...
      – Defensivas: desmarque de ruptura, relevo...
   a.3) Aspectos condicionales: resistencia, fuerza explosiva, velocidad...

b) El segundo consistiría en un minucioso análisis de cada uno de los elementos:

   b.1) Acciones técnicas:
      – Ofensivas: la pared:
        • Pared frontal.
        • Pared dorsal.
        • Falsa pared.
        • Doble pared.

   – Defensiva : despeje:
- Con el pie.
- Con la cabeza.

b.2) Acciones tácticas:
   – Ofensivas: desmarque:
- De ruptura.
- De aproximación...
   – Defensivas: marcaje:
- Al hombre.
- En zona.
- Mixto.

b.3) Aspectos condicionales:
   – Resistencia: aeróbica:
- Anaeróbica (láctica, aláctica).

c) El tercero consistiría en *"establecer un encadenamiento de los diferentes gestos en una progresión metodológica lineal, para que al final del proceso de aprendizaje, el jugador conozca, por análisis o secuenciación, la totalidad de los elementos que estructuran el sistema, en nuestro caso... [el fútbol]"* (Lasierra, 1994).

DEPORTE DE EQUIPO		
Técnica	**Táctica**	**Condición física**
Téc. 1 Téc. 2 Téc. *n*	Táct. 1 Tact. 2 Táct. *n*	Capac. 1 Capac. 2 Capac. *n*

Sin embargo, esta metodología comienza a ser cuestionada como válida en el proceso de enseñanza y de entrenamiento en los deportes de colaboración-oposición. Los argumentos que refutan dicho tratamiento metodológico parten de la misma teoría del procesamiento de la información, desarrollada por Weldfor y Marteniuk (Sánchez Bañuelos, 1986), en la que se considera que la respuesta motriz que realiza el jugador depende de una serie de mecanismos que se dan en el interior del individuo como consecuencia de lo que acontece en la propia acción del juego. Aunque dicho análisis no deja de ser bastante reduccionista y susceptible de crítica, podemos verlo en el siguiente cuadro:

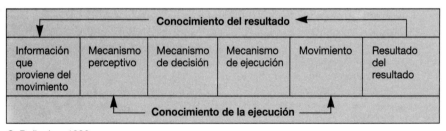

S. Bañuelos, 1986.

Según el cuadro anterior, la pedagogía analítica centraría todo su énfasis metodológico en el desarrollo de los factores de ejecución pero éste no es el único que se da en un partido de fútbol (aparecen los mecanismos de percepción y decisión), ni tampoco el más importante.

Por ejemplo, mediante un aprendizaje de este tipo podemos conseguir que un jugador domine muy bien el balón, sea capaz de hacer 100, 200 toques con el móvil (a semejanza de un malabarista de circo), pero eso no supone que sea un buen jugador: puede tener problemas de colocación en el campo, falta de visión de juego o encontrarse frecuentemente en *offside*; es decir, tener poco desarrollo el mecanismo de percepción y/o dificultades en el mecanismo de decisión, al elegir y solucionar con acciones poco adecuadas la situación motriz que se está produciendo. Por ejemplo, al realizar un regate en vez de pasar el balón al compañero desmarcado con opciones de conseguir un tanto...

Al mismo tiempo, se presentan actividades que distan mucho de la realidad de la competición:

La competición es una gran situación sociomotriz (Parlebas, P., 1981) donde la acción motriz (el movimiento) que realiza el jugador se da en un espacio donde interviene la presencia de compañeros que colaboran en la obtención de unos objetivos comunes y en la interferencia de unos adversarios que persiguen fines opuestos.

Como dice E. Domínguez (1993) ...*" el fútbol se caracteriza por ser una situación de juego cambiante, en completa y estrecha relación con el compañero, oposición del adversario y la inestabilidad en el medio que se desarrolla y todo esto de una manera integrada; no es lógico plantear tareas de entrenamiento en las que solamente esté presente unos de los componentes que se desarrolla en el juego".*

Sin embargo, la pedagogía analítica ofrece actividades, muchas veces de carácter psicomotriz, sin la presencia de colaboración-oposición, o en todo caso con la ayuda de un compañero que facilita la tarea propuesta, pero limitando precisamente la presencia de oposición, uno de los aspectos más importantes que tiene que ofrecer e incorporar toda actividad que quiera optimizar el proceso de enseñanza y entrenamiento en los deportes de equipo.

Por otro lado *la corriente sistémica-estructural* nos ofrece un análisis bien distinto del desarrollo del juego. La idea principal gira en torno que la acción del juego no puede ser descompuesta en partes, ya que la realidad de la competición configura un sistema. "Cabe definir un sistema como un conjunto de elementos que se relacionan entre sí [...]" (Bertalanffy, 1992).

Según Bertalanffy, creador de *la teoría general de los sistemas abiertos*, todo sistema reúne dos características fundamentales:

A) Un sistema es un todo indivisible

El juego del fútbol es un gran sistema donde los aspectos que configuran el desarrollo de la actividad se manifiestan de forma interrelacionada. No podemos separar las capacidades coordinativas, tácticas y condicionales.

Lo importante no reside en la descomposición de cada uno de los elementos que configuran la realidad, sino en las relaciones que se establecen entre cada uno de ellos.

B) Ninguna parte tiene efecto independiente sobre el conjunto

"Al tratarse de un deporte de equipo, las acciones técnico-tácticas de un jugador, en el desarrollo del juego, afecta a las acciones técnico-tácticas del resto de los miembros que componen el equipo, y siempre en relación al equipo contrario" (Domínguez, E., y Valverde, A., 1993).

Pero no solamente tenemos que ver el fútbol como un gran sistema, sino también al propio jugador. El jugador es también una unidad indivisible (A):

"La vida orgánica y sus procesos, las estructuras de las unidades, desde el elemento químico más simple a las organizaciones supraindividuales, su desarrollo y funcionamiento, todo ello se nos aparece como totalidades donde las partes y los procesos individuales dependen de todas las partes y procesos" (Bertalanffy, 1992).

Cuando un jugador efectúa un regate a un contrario no solamente está en funcionamiento el sistema muscular que provoca la contracción de las fibras musculares, sino también el sistema cardiovascular que bombea la sangre hacia esas zonas para suministrar las sustancias energéticas; también está en marcha el sistema respiratorio que permite la captación de oxígeno, así como los sistemas hormonal y nervioso que ordenan la contracción muscular; al mismo tiempo están actuando los sistemas coordinativos (orientación...) y los sistemas cognitivos-tácticos (informacionales).

Además, cuando un sistema se optimiza también se incide en el desarrollo de los demás (B):

Si desarrollamos la capacidad de fuerza del tren inferior, podremos mejorar la capacidad de salto del jugador; con ello podrá optimizarse todas aquellas acciones que realice en suspensión: despejes-golpeos aéreos (incidencia técnica). Tácticamente se anticipará a la trayectoria –y posiblemente al oponente– para contactar con el móvil, en vez de esperar que el balón caiga al suelo para controlarlo con el pie, dificultando la presión y el marcaje del adversario.

No sólo tenemos que focalizar la atención en el juego o en el jugador, sino también determinar de qué forma interactúa éste en la actividad, para diseñar posteriormente las actividades más adecuadas en la mejora y optimización de sus capacidades.

La forma de relacionarse con el medio es a través del movimiento (Seirul·lo, F., 1993):

– Este movimiento puede llevarse a cabo en relación al objeto-móvil (balón) poniendo en juego todo el repertorio de acciones técnicas (pases, golpeos...) y de capacidades coordinativas (orientación, cambio, ritmo...) (Meinel, K., 1988).

– Este movimiento puede ser portador de un significado estratégico: desplazamientos hacia el poseedor del balón (marcaje al hombre), desplazamientos alejándonos del compañero en posesión del móvil (desmarque de ruptura)...

– Este movimiento es imposible de realizar si no hay una regulación interna de todos los sistemas funcionales del organismo (cardiovascular, circulatorio, respiratorio, hormonal, nervioso...) mediante los cuales se llega a conseguir un sustrato energético (ATP) para producir la contracción muscular y provocar el movimiento. Es decir, el movimiento también depende de aspectos condicionales.

¿Y cómo desarrollar esta motricidad? ¿De qué forma podemos presentar actividades que al mismo tiempo que optimizamos aspectos técnicos-coordinativos, también lo hagamos de una forma cognitivo-táctico y condicional? Analizando la lógica interna de este deporte –Hernández Moreno (1994)–, *"los deportes tienen características propias que están configuradas por las estructuras que determinan su lógica interna y que no dependen de las características personales del individuo, sino que son independientes de él".*

Es decir, las estructuras que configuran a dichos deportes, en este caso de colaboración-oposición (deporte sociomotriz), se encuentran presentes siempre y sin ellas no podría llevarse a cabo la acción del juego.

Para H. Moreno, estas estructuras son:

– El espacio.
– El tiempo.
– La técnica.
– La comunicación motriz.
– La estrategia.
– El reglamento.

E. Domínguez y A. Valverde los sintetizan en cuatro grandes grupos:

– El espacio-tiempo.
– El ataque-defensa.
– La comunicación motriz.
– El reglamento.

Dichas estructuras inciden de una manera sustancial en la motricidad del jugador, ya que al modificar algún parámetro de éstas estamos incidiendo de forma muy directa en la motricidad del mismo. Veámoslo:

Si modificamos la estructura espacial, ¿qué sucederá? Pongamos por caso que reducimos el espacio de juego en un partido de fútbol, manteniendo constantes las otras estructuras.

Habrá un menor espacio, los desplazamientos serán más cortos y posiblemente más explosivos (incidencia coordinativa y condicional). Al haber menos espacio será más difícil un desmarque de ruptura y los pases se tendrán que realizar al pie del jugador (modificando los aspectos tácticos-cognitivos).

¿Y si modificamos una pequeña parte del reglamento? ¿Qué sucederá si todos los jugadores participan a 2 toques?

Estaremos modificando los aspectos técnico-coordinativos. La motricidad técnica específica se centrará en el control y pase del balón, eludiendo todo tipo de regate. Al realizar 2 toques incidiremos en la velocidad del juego y se aumentará el ritmo del partido (modificación condicional: se necesitará un mayor aporte energético). También aparecerá un mayor número de desmarques de apoyo (modificación táctico-cognitiva).

Adoptando una visión ecléctica, hagamos una pequeña incursión en cada una de las estructuras:

EL ESPACIO

Donde transcurre la acción de juego, estandarizado y reglamentado.

Al construir actividades podemos focalizar nuestra atención sobre esta estructura:

– Por ejemplo, aumentando o disminuyendo el espacio en función del número de jugadores que participen en la tarea. Según Popov (1993), al aumentar el espacio de juego se incide sobre aspectos condicionales, ya que aumenta la intensidad de la actividad desarrollándose vías energéticas anaeróbicas.

EL TIEMPO

Duración total del encuentro.

La duración de la actividad influirá sustancialmente en los aspectos condicionales. Así, una misma actividad puede desarrollar diferentes capacidades en función del tiempo de acción: pasar de una vía anaeróbica a otra aeróbica.

También hay que tener presente otro aspecto temporal como es el ritmo de acción motriz, del cual dependen las conductas estratégicas. Este ritmo de acción influirá tanto en los aspectos condicionales como en los técnicos-coordinativos y los tácticos-cognitivos.

Ejemplo: si presentamos una actividad donde el objetivo (marcar gol) se consiga en menos de 10'' sucederá:

1. Una mayor intensidad de juego: incidiendo en la resistencia anaeróbica.
2. Se aumentará el número de pases en detrimento de la conducción o el regate, por ser éste una acción que nos permita conseguir el objetivo con una mayor rapidez: incidencia técnico-coordinativa.
3. Se evitará la temporización del balón, incidiendo en los aspectos tácticos, como la velocidad en el juego, los contraataques, el desmarque de ruptura, etc.

LA COMUNICACIÓN MOTRIZ

Toda aquella información de tipo no verbal que se transmite por medio de las acciones motrices (el movimiento). Según Parlebas (1981), podemos establecer dos tipos de comunicación motriz:

A) Comunicación motriz directa: son todas aquellas acciones motrices que se dan en el propio desarrollo del juego. Podemos ver:
- La comunicación: que se establece entre los propios compañeros.
- La contracomunicación: que se establece entre adversarios.

B) Comunicación motriz indirecta: corresponde a aquella información que sirve para preparar o favorecer las acciones del juego, y que contiene un carácter eminentemente estratégico. Dentro de este tipo de comunicación aparecen:
- Los gestemas: todos aquellos gestos que se realizan entre compañeros de un mismo equipo con el objeto de señalar una acción estratégica.

Ejemplo: levantar el brazo en el lanzamiento de una falta, un córner, significa que el balón irá al segundo palo de la portería.
- Los práxemas: todas aquellas acciones motrices que son portadoras de acciones estratégicas entre los compañeros de un mismo equipo.

Ejemplo: realizar un desplazamiento hacia un lado para recibir el móvil hacia el lado opuesto.

De todo ello se desprende que podemos construir actividades focalizando la atención en la comunicación motriz, para optimizar principalmente los aspectos estratégicos (tácticos-cognitivos), pero también los técnicos-coordinativos y condicionales.

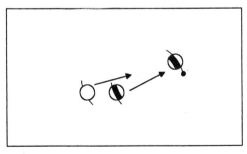

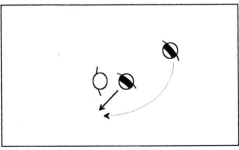

Ejemplo: siempre que se realice un desmarque de apoyo (práxema) y este jugador sea marcado por un adversario, significará que el poseedor del móvil tendrá que pasarle el balón al espacio, con el objeto de sobrepasar al contrario (puerta atrás).

Ello significa:

– A nivel táctico-cognitivo: realizar un desmarque de ruptura precedido de uno de apoyo, junto con un pase al espacio y no al pie.
– A nivel técnico-coordinativo: se incide más en los pases y las elevaciones que sobre otras acciones técnicas, junto al desarrollo de la capacidad de orientación, de cambio, de reacción, espacio temporal... de los jugadores.
– A nivel condicional: estaremos incidiendo en las aceleraciones y los cambios de ritmo (fuerza explosiva) del jugador.

LA ESTRATEGIA

El juego no suele ser libre, sino que se fundamenta y se desarrolla sobre unas premisas tácticas (sistemas tácticos) y sobre una serie de estímulos específicos. Y gira en torno a dos conceptos fundamentales: el *ataque* y la *defensa*.

Si construimos actividades sobre aspectos concretos del ataque o la defensa, podremos desarrollar y mejorar también al jugador de una forma técnico-coordinativa y condicional.

Por ejemplo: todos los jugadores tienen que defender con un marcaje al hombre.

– A nivel técnico: se desarrollan las entradas, cargas, regates, conducción del balón...
– A nivel condicional: el marcaje al hombre aumenta la intensidad del ejercicio, apareciendo un mayor gasto energético (vía anaeróbica).

EL REGLAMENTO

Cualquier juego, por muy elemental y sencillo que sea, debe partir de unas normas básicas que definan su funcionalidad y su desarrollo (Blázquez, D., 1986).

Hemos podido comprobar cómo una variación en el reglamento (jugar a 2 toques) puede influir en cada una de las capacidades.

El análisis realizado centra la atención que la competición-juego es un gran sistema configurado por una serie de estructuras, las cuales inciden de manera muy directa en la forma de relacionarse el jugador con el juego. Y ello porque al modificar una de estas estructuras estamos modificando la motricidad del individuo; es decir, incidimos en los aspectos técnicos-coordinativos, tácticos-cognitivos y condicionales, ya que como hemos visto anteriormente la motricidad es portadora de un significado estratégico (táctico), técnico-coordinativo, y no se puede llevar a cabo si no hay un sistema energético que proporcione la energía (ATP) necesaria para realizar las acciones motrices (condicional).

El siguiente cuadro sintetiza las ideas más importantes:

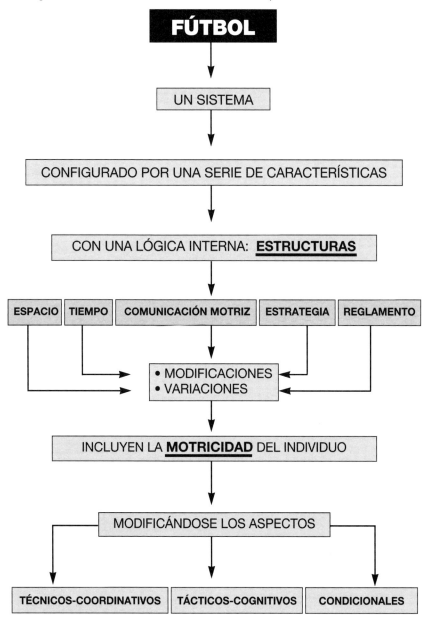

CAPÍTULO 2

ACTIVIDADES CON CUADRADOS

ACTIVIDAD 1

Material: 5 conos y 1 balón.
Número de jugadores: 5.
Espacio: La actividad se desarrolla en un espacio de 10 m de largo x 10 de ancho.
Descripción de la actividad: 4 jugadores se sitúan en el perímetro del cuadrado con el objetivo de conservar el balón, mientras un adversario se sitúa en el interior del mismo con el objeto de interceptarlo.
Consideraciones:
– Siempre que un jugador pase el móvil a un compañero, se desplazará hacia el espacio desocupado.
Consigna: Todos los jugadores juegan a 2 toques.
Objetivos:
– A nivel condicional: Resistencia específica I (resistencia mixta con predominio aeróbico).
– A nivel técnico:
• Ataque: el pase, el control-recepción.
• Defensa: interceptación.
– A nivel táctico:
• Ataque: pase al pie, pase al espacio, apoyo y aproximación al desmarque.
• Defensa: aproximación al marcaje en zona.

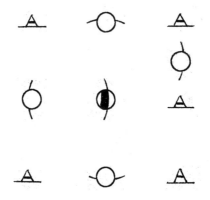

ACTIVIDAD 2

Material: 4 conos y 1 balón.

Número de jugadores: 6.

Espacio: La actividad se desarrolla en un espacio de 10 m de largo x 10 de ancho.

Descripción de la actividad: 4 jugadores se sitúan en el perímetro del cuadrado con el objetivo de conservar el balón, mientras dos adversarios se sitúan en el interior del mismo con el objeto de interceptarlo.

A los jugadores en posesión del móvil se les prohíbe realizar desplazamientos fuera de su espacio. Éste viene delimitado por los conos. No pueden invadir la zona de su/s compañero/s.

Consigna: Todos los jugadores juegan a 2 toques.

Objetivos:

– A nivel condicional: Resistencia aeróbica.

– A nivel técnico:

• Ataque: el pase, el control-recepción.

• Defensa: interceptación.

– A nivel táctico:

• Ataque: pase al pie, pase al espacio y apoyo.

• Defensa: aproximación al marcaje en zona.

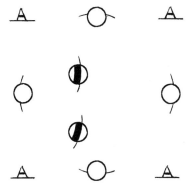

ACTIVIDAD 3

Material: 5 conos y 1 balón.
Número de jugadores: 6.
Espacio: La actividad se desarrolla en un espacio de 10 m de largo x 10 de ancho.
Descripción de la actividad: 4 jugadores se sitúan en el perímetro del cuadrado con el objetivo de conservar el balón. Si el móvil contacta con el cono situado en el centro del cuadrado o es interceptado por uno de los dos adversarios se intercambian las funciones de los jugadores.
A los jugadores es posesión del móvil se les prohíbe realizar desplazamientos fuera de su espacio. Éste viene delimitado por los conos. No pueden invadir la zona de su/s compañero/s.
Consigna: Todos los jugadores juegan a 2 toques.
Objetivos:
 – A nivel condicional: Resistencia específica I.
 – A nivel técnico:
  • Ataque: el pase, el control-recepción, la elevación.
  • Defensa: interceptación.
 – A nivel táctico:
  • Ataque: pase al pie, pase al espacio, apoyo y conservación del balón.
  • Defensa: aproximación al marcaje en zona.

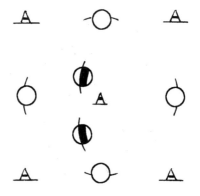

ACTIVIDAD 4

Material: 4 conos y 1 balón.
Número de jugadores: 6
Espacio: La actividad se desarrolla en un espacio de 10 m de largo x 10 de ancho.
Descripción de la actividad: 4 jugadores se sitúan en el perímetro del cuadrado con el objetivo de conservar el balón, mientras dos adversarios se sitúan en el interior del mismo con el objeto de interceptarlo.
A los jugadores en posesión del móvil se les prohíbe realizar desplazamientos fuera de su espacio. Éste viene delimitado por los conos. No pueden invadir la zona de su/s compañero/s.
Consigna: Todos los jugadores juegan a 2 toques.
Objetivos:
   – A nivel condicional: Resistencia específica I.
   – A nivel técnico:
    • Ataque: el pase, el control-recepción.
    • Defensa: interceptación.
   – A nivel táctico:
    • Ataque: pase al pie, pase al espacio, apoyo y conservación del balón.
    • Defensa: aproximación al marcaje en zona.

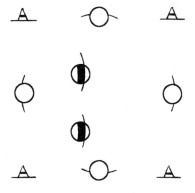

ACTIVIDAD 5

Material: 4 conos y 1 balón.
Número de jugadores: 7; 3 equipos de 2 jugadores y un comodín.
Espacio: La actividad se desarrolla en un espacio de:
– Fútbol sala: 10 m de largo x 10 de ancho.
– Fútbol: 12 m de largo x 12 de ancho.
Descripción de la actividad: La actividad consiste en la conservación del balón por parte de los jugadores situados en el perímetro del cuadrado. El equipo no poseedor del esférico se ubicará dentro del mismo con el objeto de interceptar el móvil.
Al mismo tiempo, aparece la figura del comodín ( ), que participará siempre con el equipo poseedor del balón.
A los jugadores en posesión del móvil se les prohíbe realizar desplazamientos fuera de su espacio. Éste viene delimitado por los conos. No pueden invadir la zona de su/s compañero/s.
Consideraciones:
– En ningún momento se produce la detención del juego para intercambiar las funciones. Hay una transición rápida entre "ataque" (posesión del balón) y "defensa", que vendrá determinada por la interceptación del móvil.
– Tanto los defensas como el comodín pueden realizar desplazamientos libres por el interior del cuadrado.
Consigna: Todos los jugadores juegan a 2 toques.
Objetivos:
– A nivel condicional: Resistencia específica I.
– A nivel técnico:
• Ataque: el pase, el control-recepción, la pared.
• Defensa: interceptación.
– A nivel táctico:
• Ataque: pase al pie, pase al espacio, apoyo y conservación del balón.
• Defensa: anticipación, aproximación al marcaje en zona.

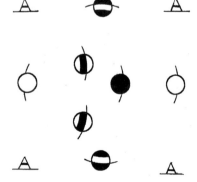

ACTIVIDAD 6

Material: 4 conos y 1 balón.
Número de jugadores: 7; 3 equipos de 2 jugadores y un comodín.
Espacio: La actividad se desarrolla en un espacio de:
 – Fútbol sala: 10 m de largo x 10 de ancho.
 – Fútbol: 12 m de largo x 12 de ancho.
Descripción de la actividad: La actividad consiste en la conservación del balón por parte de los jugadores situados en el perímetro del cuadrado. El equipo no poseedor del esférico se ubicará dentro del mismo con el objeto de interceptar el móvil. Al mismo tiempo se situará un jugador de un equipo en el interior del cuadrado participando siempre con los jugadores en posesión del esférico. A los jugadores en posesión del móvil se les prohíbe realizar desplazamientos fuera de su espacio. Éste viene delimitado por los conos. No pueden invadir la zona de su/s compañero/s.
Consideraciones:
 – En ningún momento se produce la detención del juego para intercambiar las funciones. Hay una transición rápida entre "ataque" (posesión del balón) y "defensa", que vendrá determinada por la interceptación del móvil.
 – El comodín se situará en el perímetro del cuadrado participando siempre con el equipo poseedor del balón.
 – Los defensas pueden realizar desplazamientos libres en el interior del cuadrado.
Consigna: Todos los jugadores juegan a 2 toques.
Objetivos:
 – A nivel condicional: Resistencia específica I.
 – A nivel técnico:
  • Ataque: el pase, el control-recepción.
  • Defensa: interceptación.
 – A nivel táctico:
  • Ataque: línea de pase, pase al pie, pase al espacio, apoyo, conservación del balón.
  • Defensa: aproximación al marcaje en zona.

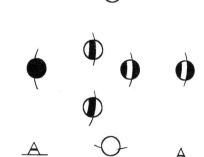

ACTIVIDAD 7

Material: 5 conos y 1 balón.

Número de jugadores: 8; 3 equipos de 2 jugadores y 2 comodines.

Espacio: La actividad se desarrolla en un espacio de:
- Fútbol sala: 10 m de largo x 10 de ancho.
- Fútbol: 12 m de largo x 12 de ancho.

Descripción de la actividad: La actividad consiste en la conservación del balón por parte de los jugadores situados en el perímetro del cuadrado. El equipo no poseedor del esférico se ubicará dentro del mismo con el objeto de interceptar el móvil.

Al mismo tiempo, aparece la figura del comodín, que participará siempre con el equipo poseedor del balón.

A los jugadores en posesión del móvil se les prohíbe realizar desplazamientos fuera de su espacio. Éste viene delimitado por los conos. No pueden invadir la zona de su/s compañero/s.

Consideraciones:
- En ningún momento se produce la detención del juego para intercambiar las funciones. Hay una transición rápida entre "ataque" (posesión del balón) y "defensa", que vendrá determinada por la interceptación del móvil.
- Tanto las defensas como el comodín interior pueden realizar desplazamientos libres dentro del cuadrado.

Consigna: Todos los jugadores juegan a 2 toques.

Objetivos:
- A nivel condicional: Resistencia específica I.
- A nivel técnico:
  • Ataque: el pase, el control-recepción, la pared.
  • Defensa: interceptación, entrada.
- A nivel táctico:
  • Ataque: pase al pie, pase al espacio, apoyo, conservación del balón.
  • Defensa: anticipación, aproximación al marcaje en zona.

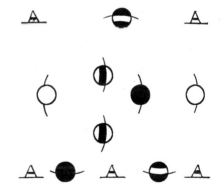

ACTIVIDAD 8

Material: 6 conos y 1 balón.
Número de jugadores: 9; 3 equipos de 2 jugadores y 3 comodines.
Espacio: La actividad se desarrolla en un espacio de:
– Fútbol sala: 10 m de largo x 10 de ancho.
– Fútbol: 12 m de largo x 12 de ancho.
Descripción de la actividad: La actividad consiste en la conservación del balón por parte de los jugadores situados en el perímetro del cuadrado. El equipo no poseedor del esférico se ubicará dentro del mismo con el objeto de interceptar el móvil.
Al mismo tiempo, aparece la figura del comodín, que participará siempre con el equipo poseedor del balón.
A los jugadores en posesión del móvil se les prohíbe realizar desplazamientos fuera de su espacio. Éste viene delimitado por los conos. No pueden invadir la zona de su/s compañero/s.
Consideraciones:
– En ningún momento se produce la detención del juego para intercambiar las funciones. Hay una transición rápida entre "ataque" (posesión del balón) y "defensa", que vendrá determinada por la interceptación del móvil.
– Tanto los defensas como el comodín interior pueden realizar desplazamientos libres dentro del cuadrado.
Consigna: Todos los jugadores juegan a 2 toques.
Objetivos:
– A nivel condicional: Resistencia específica I.
– A nivel técnico:
  • Ataque: el pase, el control-recepción, la pared.
  • Defensa: interceptación.
– A nivel táctico:
  • Ataque: pase al pie, pase al espacio, apoyo, control del juego.
  • Defensa: anticipación, aproximación al marcaje en zona.

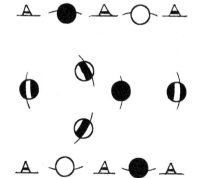

ACTIVIDAD 9

Material: 5 conos y 1 balón.
Número de jugadores: 8; 4 equipos de 2 jugadores.
Espacio: La actividad se desarrolla en un espacio de:
– Fútbol sala: 10 m de largo x 10 de ancho.
– Fútbol: 12 m de largo x 12 de ancho.
Descripción de la actividad: La actividad consiste en la conservación del balón por parte de los jugadores situados en el perímetro del cuadrado. El equipo no poseedor del esférico se ubicará dentro del mismo con el objeto de interceptar el móvil.
Al mismo tiempo, se situará un jugador de un equipo en el interior del cuadrado participando siempre con los jugadores en posesión del esférico.
A los jugadores en posesión del móvil se les prohíbe realizar desplazamientos fuera de su espacio. Éste viene delimitado por los conos. No pueden invadir la zona de su/s compañero/s.
Consideraciones:
– En ningún momento se produce la detención del juego para intercambiar las funciones. Hay una transición rápida entre "ataque" (posesión del balón) y "defensa", que vendrá determinada por la interceptación del móvil.
– Los defensas pueden realizar desplazamientos libres en el interior del cuadrado.
Consigna: Todos los jugadores juegan a 2 toques.
Objetivos:
– A nivel condicional: Resistencia específica I.
– A nivel técnico:
  • Ataque: el pase, el control-recepción, la pared.
  • Defensa: interceptación.
– A nivel táctico:
  • Ataque: pase al pie, pase al espacio, apoyo, control del juego.
  • Defensa: anticipación, aproximación al marcaje en zona.

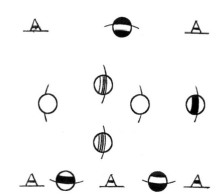

ACTIVIDAD 10

Material: 4 conos y 1 balón.

Número de jugadores: 6 y 1 comodín.

Espacio: La actividad se desarrolla en un espacio de 10 m de largo x 10 de ancho.

Descripción de la actividad: 4 jugadores se sitúan en el perímetro del cuadrado con el objetivo de conservar el balón, mientras dos adversarios se sitúan en el interior del mismo con el objeto de interceptarlo.

Al mismo tiempo, aparece la figura del comodín, que participará siempre con el equipo poseedor del balón.

A los jugadores en posesión del móvil se les prohíbe realizar desplazamientos fuera de su espacio. Éste viene delimitado por los conos. No pueden invadir la zona de su/s compañero/s.

Consideraciones:

– El jugador que falle en la posesión del móvil se introducirá en el interior del cuadrado intercambiando la función con el interceptador (defensa).

– Tanto los defensas como el comodín pueden realizar desplazamientos libres dentro del cuadrado.

Consigna: Todos los jugadores juegan a 2 toques.

Objetivos:

– A nivel condicional: Resistencia específica I.

– A nivel técnico:

  • Ataque: el pase, el control-recepción, la pared.

  • Defensa: interceptación, entrada.

– A nivel táctico:

  • Ataque: pase al pie, pase al espacio, apoyo, control del juego.

  • Defensa: anticipación, aproximación al marcaje en zona.

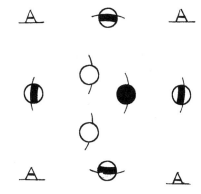

ACTIVIDAD 11

Material: 4 conos y 1 balón.
Número de jugadores: 7; 2 equipos de 3 jugadores y 1 comodín.
Espacio: La actividad se desarrolla en un espacio de 12 m de largo x 12 de ancho.
Descripción de la actividad: La actividad consiste en la conservación del balón por parte de los jugadores situados en el perímetro del cuadrado. El equipo no poseedor del esférico se ubicará dentro del mismo con el objeto de interceptar el móvil. Al mismo tiempo, aparece la figura del comodín, que participará siempre con el equipo poseedor del balón.
Consideraciones:
– En ningún momento se produce la detención del juego para intercambiar las funciones. Hay una transición rápida entre "ataque" (posesión del balón) y "defensa", que vendrá determinada por la interceptación del móvil.
– Los jugadores del equipo atacante pueden realizar desplazamientos por el perímetro del cuadrado.
– Tanto los defensas como el comodín interior pueden realizar desplazamientos libres dentro del cuadrado.
Consigna: Todos los jugadores juegan a 2 toques.
Objetivos:
– A nivel condicional: Resistencia específica I.
– A nivel técnico:
　• Ataque: el pase, el control-recepción, la pared.
　• Defensa: interceptación, entrada.
– A nivel táctico:
　• Ataque: pase al pie, pase al espacio, apoyo, conservación del balón, aproximación al desmarque.
　• Defensa: anticipación, aproximación al marcaje en zona.

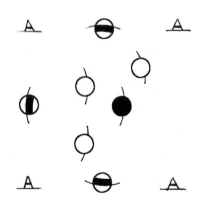

ACTIVIDAD 12

Material: 4 conos y 1 balón.
Número de jugadores: 8; 2 equipos de 3 jugadores y 2 comodines.
Espacio: La actividad se desarrolla en un espacio de:
– Fútbol sala: 12 m de largo x 12 de ancho.
– Fútbol: 15 m de largo x 15 de ancho.
Descripción de la actividad: La actividad consiste en la conservación del balón por parte de los jugadores situados en el perímetro del cuadrado. El equipo no poseedor del esférico se ubicará dentro del mismo con el objeto de interceptar el móvil.
Al mismo tiempo, aparece la figura del comodín, que participará siempre con el equipo poseedor del balón.
A los jugadores en posesión del móvil se les prohíbe realizar desplazamientos fuera de su espacio. Éste viene delimitado por los conos. No pueden invadir la zona de su/s compañero/s.
Considraciones:
– En ningún momento se produce la detención del juego para intercambiar las funciones. Hay una transición rápida entre "ataque" (posesión del balón) y "defensa", que vendrá determinada por la interceptación del móvil.
– Tanto los defensas como el comodín interior pueden realizar desplazamientos libres dentro del cuadrado.
Consigna: Todos los jugadores juegan a 2 toques.
Objetivos:
– A nivel condicional: Resistencia mixta.
– A nivel técnico:
  • Ataque: el pase, el control-recepción, la pared.
  • Defensa: interceptación, entrada.
– A nivel táctico:
  • Ataque: pase al pie, pase al espacio, apoyo, conservación del balón, aproximación al desmarque.
  • Defensa: anticipación, aproximación al marcaje en zona.

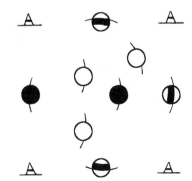

ACTIVIDAD 13

Material: 4 conos y 1 balón.

Número de jugadores: 8; 2 equipos de 3 jugadores y 2 comodines.

Espacio: La actividad se desarrolla en un espacio de:
- Fútbol sala: 12 m de largo x 12 de ancho.
- Fútbol: 15 m de largo x 15 de ancho.

Descripción de la actividad: La actividad consiste en la conservación del balón por parte de los jugadores situados en el perímetro del cuadrado. El equipo no poseedor del esférico se ubicará dentro del mismo con el objeto de interceptar el móvil.

Al mismo tiempo, se situará un jugador de un equipo en el interior del cuadrado participando siempre con los jugadores en posesión del esférico.

A los jugadores en posesión del móvil se les prohíbe realizar desplazamientos fuera de su espacio. Éste viene delimitado por los conos. No pueden invadir la zona de su/s compañero/s.

Consideraciones:
- En ningún momento se produce la detención del juego para intercambiar las funciones. Hay una transición rápida entre "ataque" (posesión del balón) y "defensa", que vendrá determinada por la interceptación del móvil.
- Los defensas pueden realizar desplazamientos libres en el interior del cuadrado.
- Los comodines situados en el perímetro participarán con el equipo poseedor del móvil.

Consigna: Todos los jugadores juegan a 2 toques.

Objetivos:
- A nivel condicional: Resistencia mixta.
- A nivel técnico:
  - Ataque: el pase, el control-recepción, la pared.
  - Defensa: interceptación, entrada.
- A nivel táctico:
  - Ataque: pase al pie, pase al espacio, apoyo, conservación del balón.
  - Defensa: anticipación, aproximación al marcaje en zona.

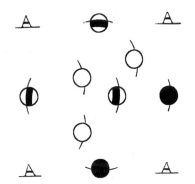

ACTIVIDAD 14

Material: 5 conos y 1 balón.
Número de jugadores: 9; 2 equipos de 3 jugadores y 3 comodines.
Espacio: La actividad se desarrolla en un espacio de:
– Fútbol sala: 12 m de largo x 12 de ancho.
– Fútbol: 15 m de largo x 15 de ancho.
Descripción de la actividad: La actividad consiste en la conservación del balón por parte de los jugadores situados en el perímetro del cuadrado. El equipo no poseedor del esférico se ubicará dentro del mismo con el objeto de interceptar el móvil.
Al mismo tiempo, aparece la figura del comodín, que participará siempre con el equipo poseedor del balón.
A los jugadores en posesión del móvil se les prohíbe realizar desplazamientos fuera de su espacio. Éste viene delimitado por los conos. No pueden invadir la zona de su/s compañero/s.
Consideraciones:
– En ningún momento se produce la detención del juego para intercambiar las funciones. Hay una transición rápida entre "ataque" (posesión del balón) y "defensa", que vendrá determinada por la interceptación del móvil.
– Tanto los defensas como el comodín interior pueden realizar desplazamientos libres dentro del cuadrado.
Consigna: Todos los jugadores juegan a 2 toques.
Objetivos:
– A nivel condicional: Resistencia mixta.
– A nivel técnico:
  • Ataque: el pase, el control-recepción, la pared.
  • Defensa: interceptación, entrada.
– A nivel táctico:
  • Ataque: pase al pie, pase al espacio, apoyo, conservación del balón, aproximación al desmarque.
  • Defensa: anticipación, aproximación al marcaje en zona.

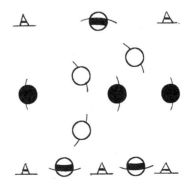

ACTIVIDAD 15

Material: 6 conos y 1 balón.

Número de jugadores: 10; 3 equipos de 3 jugadores y 1 comodín.

Espacio: La actividad se desarrolla en un espacio de:
- Fútbol sala: 12 m de largo x 12 de ancho.
- Fútbol: 15 m de largo x 15 de ancho.

Descripción de la actividad: La actividad consiste en la conservación del balón por parte de los jugadores situados en el perímetro del cuadrado. El equipo no poseedor del esférico se ubicará dentro del mismo con el objeto de interceptar el móvil.

Al mismo tiempo, aparece la figura del comodín que participará siempre con el equipo poseedor del balón.

A los jugadores en posesión del móvil se les prohíbe realizar desplazamientos fuera de su espacio. Éste viene delimitado por los conos. No pueden invadir la zona de su/s compañero/s.

Consideraciones:
- En ningún momento se produce la detención del juego para intercambiar las funciones. Hay una transición rápida entre "ataque" (posesión del balón) y "defensa", que vendrá determinada por la interceptación del móvil.
- Tanto los defensas como el comodín pueden realizar desplazamientos libres dentro del cuadrado.

Consigna: Todos los jugadores juegan a 2 toques.

Objetivos:
- A nivel condicional: Resistencia mixta.
- A nivel técnico:
  - Ataque: el pase, el control-recepción, la pared.
  - Defensa: interceptación, entrada.
- A nivel táctico:
  - Ataque: pase al pie, pase al espacio, apoyo, conservación del balón, aproximación al desmarque.
  - Defensa: anticipación, aproximación al marcaje en zona.

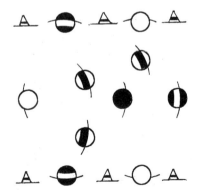

ACTIVIDAD 16

Material: 5 conos y 1 balón.
Número de jugadores: 9, 3 equipos de 3 jugadores.
Espacio: La actividad se desarrolla en un espacio de:
– Fútbol sala: 12 m de largo x 12 de ancho.
– Fútbol: 15 m de largo x 15 de ancho.
Descripción de la actividad: La actividad consiste en la conservación del balón por parte de los jugadores situados en el perímetro del cuadrado. El equipo no poseedor del esférico se ubicará dentro del mismo con el objeto de interceptar el móvil.
Al mismo tiempo, se situará un jugador de un equipo en el interior del cuadrado participando siempre con los jugadores en posesión del esférico.
A los jugadores en posesión del móvil se les prohíbe realizar desplazamientos fuera de su espacio. Éste viene delimitado por los conos. No pueden invadir la zona de su/s compañero/s.
Consideraciones:
– En ningún momento se produce la detención del juego para intercambiar las funciones. Hay una transición rápida entre "ataque" (posesión del balón) y "defensa", que vendrá determinada por la interceptación del móvil.
– Los defensas pueden realizar desplazamientos libres en el interior del cuadrado.
Consigna: Todos los jugadores juegan a 2 toques.
Objetivos:
– A nivel condicional: Resistencia mixta.
– A nivel técnico:
  • Ataque: el pase, el control-recepción, la pared.
  • Defensa: interceptación, entrada.
– A nivel táctico:
  • Ataque: pase al pie, pase al espacio, apoyo, conservación del balón.
  • Defensa: anticipación, aproximación al marcaje en zona.

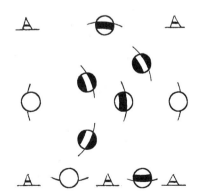

ACTIVIDAD 17

Material: 7 conos y 1 balón.
Número de jugadores: 11; 3 equipos de 3 jugadores y 2 comodines.
Espacio: La actividad se desarrolla en un espacio de:
– Fútbol sala: 12 m de largo x 12 de ancho.
– Fútbol: 15 m de largo x 15 de ancho.
Descripción de la actividad: La actividad consiste en la conservación del balón por parte de los jugadores situados en el perímetro del cuadrado. El equipo no poseedor del esférico se ubicará dentro del mismo con el objeto de interceptar el móvil.
Al mismo tiempo, aparece la figura del comodín, que participará siempre con el equipo poseedor del balón.
A los jugadores en posesión del móvil se les prohíbe realizar desplazamientos fuera de su espacio. Éste viene delimitado por los conos. No pueden invadir la zona de su/s compañero/s.
Consideraciones:
– En ningún momento se produce la detención del juego para intercambiar las funciones. Hay una transición rápida entre "ataque" (posesión del balón) y "defensa", que vendrá determinada por la interceptación del móvil.
– Tanto los defensas como el comodín interior pueden realizar desplazamientos libres dentro del cuadrado.
Consigna: Todos los jugadores juegan a 2 toques.
Objetivos:
– A nivel condicional: Resistencia mixta.
– A nivel técnico:
  • Ataque: el pase, el control-recepción, la pared.
  • Defensa: interceptación, entrada.
– A nivel táctico:
  • Ataque: pase al pie, pase al espacio, apoyo, conservación del balón.
  • Defensa: anticipación, aproximación al marcaje en zona.

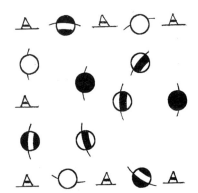

ACTIVIDAD 18

Material: 8 conos y 1 balón.

Número de jugadores: 12; 3 equipos de 3 jugadores y 3 comodines.

Espacio: La actividad se desarrolla en un espacio de:
 – Fútbol sala: 12 m de largo x 12 de ancho.
 – Fútbol: 15 m de largo x 15 de ancho.

Descripción de la actividad: La actividad consiste en la conservación del balón por parte de los jugadores situados en el perímetro del cuadrado. El equipo no poseedor del esférico se ubicará dentro del mismo con el objeto de interceptar el móvil.

Al mismo tiempo, aparece la figura del comodín, que participará siempre con el equipo poseedor del balón.

A los jugadores en posesión del móvil se les prohíbe realizar desplazamientos fuera de su espacio. Éste viene delimitado por los conos. No pueden invadir la zona de su/s compañero/s.

Consideraciones:
 – En ningún momento se produce la detención del juego para intercambiar las funciones. Hay una transición rápida entre "ataque" (posesión del balón) y "defensa", que vendrá determinada por la interceptación del móvil.
 – Tanto los defensas como el comodín interior pueden realizar desplazamientos libres dentro del cuadrado.

Consigna: Todos los jugadores juegan a 2 toques.

Objetivos:
 – A nivel condicional: Resistencia mixta.
 – A nivel técnico:
 • Ataque: el pase, el control-recepción, la pared.
 • Defensa: interceptación, entrada.
 – A nivel táctico:
 • Ataque: pase al pie, pase al espacio, apoyo, conservación del balón.
 • Defensa: anticipación, aproximación al marcaje en zona.

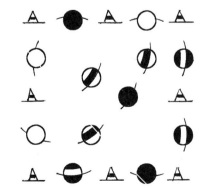

ACTIVIDAD 19

Material: 4 conos y 1 balón.
Número de jugadores: 8; 2 equipos de 4 jugadores.
Espacio: La actividad se desarrolla en un espacio de:
– Fútbol sala: 15 m de largo x 15 de ancho.
– Fútbol: 20 m de largo x 20 de ancho.
Descripción de la actividad: La actividad consiste en la conservación del balón por parte de los jugadores situados en el perímetro del cuadrado. El equipo no poseedor del esférico se ubicará dentro del mismo con el objeto de interceptar el móvil.
Al mismo tiempo, se situará un jugador del equipo atacante en el interior del cuadrado participando siempre con sus compañeros en la posesión del esférico.
A los jugadores en posesión del móvil se les prohíbe realizar desplazamientos fuera de su espacio. Éste viene delimitado por los conos. No pueden invadir la zona de su/s compañero/s.
Consideraciones:
– En ningún momento se produce la detención del juego para intercambiar las funciones. Hay una transición rápida entre "ataque" (posesión del balón) y "defensa", que vendrá determinada por la interceptación del móvil.
– Los jugadores del equipo atacante pueden realizar desplazamientos por el perímetro del cuadrado.
– Tanto los defensas como el atacante interior pueden realizar desplazamientos libres dentro del cuadrado.
Consigna: Todos los jugadores juegan a 2 toques.
Objetivos:
– A nivel condicional: Resistencia mixta.
– A nivel técnico:
  • Ataque: el pase, el control-recepción, la pared.
  • Defensa: interceptación, entrada.
– A nivel táctico:
  • Ataque: pase al pie, pase al espacio, apoyo, conservación del balón, aproximación al desmarque.
  • Defensa: anticipación, aproximación al marcaje en zona.

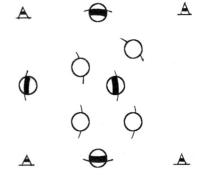

ACTIVIDAD 20

Material: 4 conos y 1 balón.
Número de jugadores: 9; 2 equipos de 4 jugadores y 1 pivote.
Espacio: La actividad se desarrolla en un espacio de:
– Fútbol sala: 15 m de largo x 15 de ancho.
– Fútbol: 20 m de largo x 20 de ancho.
Descripción de la actividad: La actividad consiste en la conservación del balón por parte de los jugadores situados en el perímetro del cuadrado. El equipo no poseedor del esférico se ubicará dentro del mismo con el objeto de interceptar el móvil.
Al mismo tiempo, aparece la figura del comodín, que participará siempre con el equipo poseedor del balón.
A los jugadores en posesión del móvil se les prohíbe realizar desplazamientos fuera de su espacio. Éste viene delimitado por los conos. No pueden invadir la zona de su/s compañero/s.
Consideraciones:
– En ningún momento se produce la detención del juego para intercambiar las funciones. Hay una transición rápida entre "ataque" (posesión del balón) y "defensa", que vendrá determinada por la interceptación del móvil.
– Tanto los defensas como el comodín interior pueden realizar desplazamientos libres dentro del cuadrado.
Consigna: Todos los jugadores juegan a 2 toques.
Objetivos:
– A nivel condicional: Resistencia mixta.
– A nivel técnico:
  • Ataque: el pase, el control-recepción, la pared.
  • Defensa: interceptación, entrada.
– A nivel táctico:
  • Ataque: pase al pie, pase al espacio, apoyo, conservación del balón, aproximación al desmarque.
  • Defensa: anticipación, aproximación al marcaje en zona.

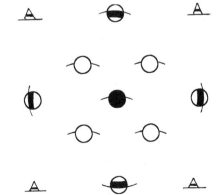

ACTIVIDAD 21

Material: 4 conos y 1 balón.

Número de jugadores: 9; 2 equipos de 4 jugadores y 1 comodín.

Espacio: La actividad se desarrolla en un espacio de:
– Fútbol sala: 15 m de largo x 15 de ancho.
– Fútbol: 20 m de largo x 20 de ancho.

Descripción de la actividad: La actividad consiste en la conservación del balón por parte de los jugadores situados en el perímetro del cuadrado. El equipo no poseedor del esférico se ubicará dentro del mismo con el objeto de interceptar el móvil.

Al mismo tiempo, se situará un jugador del equipo atacante en el interior del cuadrado participando siempre con sus compañeros en la posesión del esférico.

A los jugadores en posesión del móvil se les prohíbe realizar desplazamientos fuera de su espacio. Éste viene delimitado por los conos. No pueden invadir la zona de su/s compañero/s.

Consideraciones:
– En ningún momento se produce la detención del juego para intercambiar las funciones. Hay una transición rápida entre "ataque" (posesión del balón) y "defensa", que vendrá determinada por la interceptación del móvil.
– Los defensas pueden realizar desplazamientos libres en el interior del cuadrado.
– El comodín situado en el perímetro participará con el equipo poseedor del móvil.

Consigna: Todos los jugadores juegan a 2 toques.

Objetivos:
– A nivel condicional: Resistencia mixta.
– A nivel técnico:
  • Ataque: el pase, el control-recepción, la pared.
  • Defensa: interceptación, entrada.
– A nivel táctico:
  • Ataque: pase al pie, pase al espacio, apoyo, conservación del balón.
  • Defensa: anticipación, aproximación al marcaje en zona.

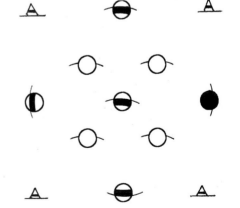

ACTIVIDAD 22

Material: 5 conos y 1 balón.
Número de jugadores: 10; 2 equipos de 4 jugadores y 2 comodines.
Espacio: La actividad se desarrolla en un espacio de:
– Fútbol sala: 15 m de largo x 15 de ancho.
– Fútbol: 20 m de largo x 20 de ancho.
Descripción de la actividad: La actividad consiste en la conservación del balón por parte de los jugadores situados en el perímetro del cuadrado. El equipo no poseedor del esférico se ubicará dentro del mismo con el objeto de interceptar el móvil.
Al mismo tiempo, aparece la figura del comodín, que participará siempre con el equipo poseedor del balón.
A los jugadores en posesión del móvil se les prohíbe realizar desplazamientos fuera de su espacio. Éste viene delimitado por los conos. No pueden invadir la zona de su/s compañero/s.
Considaciones:
– En ningún momento se produce la detención del juego para intercambiar las funciones. Hay una transición rápida entre "ataque" (posesión del balón) y "defensa", que vendrá determinada por la interceptación del móvil.
– Tanto los defensas como el comodín interior pueden realizar desplazamientos libres dentro del cuadrado.
Consigna: Todos los jugadores juegan a 2 toques.
Objetivos:
– A nivel condicional: Resistencia mixta.
– A nivel técnico:
  • Ataque: el pase, el control-recepción, la pared.
  • Defensa: interceptación, entrada.
– A nivel táctico:
  • Ataque: pase al pie, pase al espacio, apoyo, conservación del balón.
  • Defensa: anticipación, aproximación al marcaje en zona.

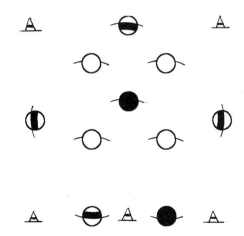

ACTIVIDAD 23

Material: 6 conos y 1 balón.

Número de jugadores: 11; 2 equipos de 4 jugadores y 3 comodines.

Espacio: La actividad se desarrolla en un espacio de:
– Fútbol sala: 15 m de largo x 15 de ancho.
– Fútbol: 20 m de largo x 20 de ancho.

Descripción de la actividad: La actividad consiste en la conservación del balón por parte de los jugadores situados en el perímetro del cuadrado. El equipo no poseedor del esférico se ubicará dentro del mismo con el objeto de interceptar el móvil.

Al mismo tiempo, aparece la figura del comodín, que participará siempre con el equipo poseedor del balón.

A los jugadores en posesión del móvil se les prohíbe realizar desplazamientos fuera de su espacio. Éste viene delimitado por los conos. No pueden invadir la zona de su/s compañero/s.

Consideraciones:
– En ningún momento se produce la detención del juego para intercambiar las funciones. Hay una transición rápida entre "ataque" (posesión del balón) y "defensa", que vendrá determinada por la interceptación del móvil.
– Tanto los defensas como el comodín interior pueden realizar desplazamientos libres dentro del cuadrado.

Consigna: Todos los jugadores juegan a 2 toques.

Objetivos:
– A nivel condicional: Resistencia mixta.
– A nivel técnico:
  • Ataque: el pase, el control-recepción, la pared.
  • Defensa: interceptación, entrada.
– A nivel táctico:
  • Ataque: pase al pie, pase al espacio, apoyo, control del juego.
  • Defensa: anticipación, aproximación al marcaje en zona.

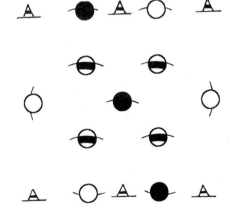

ACTIVIDAD 24

Material: 8 conos y 1 balón.
Número de jugadores: 13; 3 equipos de 4 jugadores y 1 comodín.
Espacio: La actividad se desarrolla en un espacio de:
 – Fútbol sala: 15 m de largo x 15 de ancho.
 – Fútbol: 20 m de largo x 20 de ancho.
Descripción de la actividad: La actividad consiste en la conservación
 del balón por parte de los jugadores situados en el perímetro del
 cuadrado. El equipo no poseedor del esférico se ubicará dentro
 del mismo con el objeto de interceptar el móvil.
 Al mismo tiempo, aparece la figura del comodín, que participará
 siempre con el equipo poseedor del balón.
 A los jugadores en posesión del móvil se les prohíbe realizar
 desplazamientos fuera de su espacio. Éste viene delimitado por
 los conos. No pueden invadir la zona de su/s compañero/s.
 Consideraciones:
 – En ningún momento se produce la detención del juego para
  intercambiar las funciones. Hay una transición rápida entre "ataque"
  (posesión del balón) y "defensa", que vendrá determinada por la
  interceptación del móvil.
 – Tanto los defensas como el comodín pueden realizar
  desplazamientos libres dentro el cuadrado.
Consigna: Todos los jugadores juegan a 2 toques.
Objetivos:
 – A nivel condicional: Resistencia mixta.
 – A nivel técnico:
  • Ataque: el pase, el
   control-recepción,
   la pared.
  • Defensa:
   interceptación,
   entrada.
 – A nivel táctico:
  • Ataque: pase
   al pie, pase
   al espacio,
   apoyo, control
   del juego.
  • Defensa: anticipación,
   aproximación al
   marcaje en zona.

ACTIVIDAD 25

Material: 5 conos y 1 balón.

Número de jugadores: 11; 2 equipos de 5 jugadores y 1 comodín.

Espacio: La actividad se desarrolla en un espacio de:
– Fútbol sala: 15 m de largo x 15 de ancho.
– Fútbol: 20 m de largo x 20 de ancho.

Descripción de la actividad: La actividad consiste en la conservación del balón por parte de los jugadores situados en el perímetro del cuadrado. El equipo no poseedor del esférico se ubicará dentro del mismo con el objeto de interceptar el móvil.

Al mismo tiempo, aparece la figura del comodín, que participará siempre con el equipo poseedor del balón.

A los jugadores en posesión del móvil se les prohíbe realizar desplazamientos fuera de su espacio. Éste viene delimitado por los conos. No pueden invadir la zona de su/s compañero/s.

Consideraciones:
– En ningún momento se produce la detención del juego para intercambiar las funciones. Hay una transición rápida entre "ataque" (posesión del balón) y "defensa", que vendrá determinada por la interceptación del móvil.
– Tanto los defensas como el comodín interior pueden realizar desplazamientos libres dentro del cuadrado.

Consigna: Todos los jugadores juegan a 2 toques.

Objetivos:
– A nivel condicional: Resistencia específica I.
– A nivel técnico:
  • Ataque: el pase, el control-recepción, la pared.
  • Defensa: interceptación, entrada.
– A nivel táctico:
  • Ataque: pase al pie, pase al espacio, apoyo, control del juego.
  • Defensa: anticipación, aproximación al marcaje en zona.

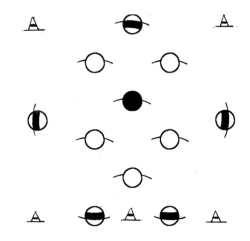

ACTIVIDAD 26

Material: 5 conos y 1 balón.
Número de jugadores: 11; 2 equipos de 5 jugadores y 1 comodín.
Espacio: La actividad se desarrolla en un espacio de:
– Fútbol sala: 15 m de largo x 15 de ancho.
– Fútbol: 20 m de largo x 20 de ancho.
Descripción de la actividad: La actividad consiste en la conservación del balón por parte de los jugadores situados en el perímetro del cuadrado. El equipo no poseedor del esférico se ubicará dentro del mismo con el objeto de interceptar el móvil.
Al mismo tiempo, se situará un jugador del equipo atacante en el interior del cuadrado participando siempre con sus compañeros en la posesión del esférico.
A los jugadores en posesión del móvil se les prohíbe realizar desplazamientos fuera de su espacio. Éste viene delimitado por los conos. No pueden invadir la zona de su/s compañero/s.
Consideraciones:
– En ningún momento se produce la detención del juego para intercambiar las funciones. Hay una transición rápida entre "ataque" (posesión del balón) y "defensa", que vendrá determinada por la interceptación del móvil.
– Los defensas pueden realizar desplazamientos libres en el interior del cuadrado.
Consigna: Todos los jugadores juegan a 2 toques.
Objetivos:
– A nivel condicional: Resistencia específica I.
– A nivel técnico:
  • Ataque: el pase, el control-recepción, la pared.
  • Defensa: interceptación, entrada.
– A nivel táctico:
  • Ataque: pase al pie, pase al espacio, apoyo, conservación del balón.
  • Defensa: anticipación, aproximación al marcaje en zona.

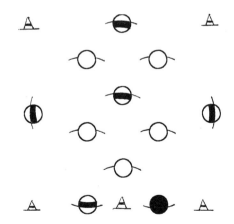

ACTIVIDAD 27

Material: 6 conos y 1 balón.
Número de jugadores: 12; 2 equipos de 5 jugadores y 2 comodines.
Espacio: La actividad se desarrolla en un espacio de:
– Fútbol sala: 15 m de largo x 15 de ancho.
– Fútbol: 20 m de largo x 20 de ancho.
Descripción de la actividad: La actividad consiste en la conservación del balón por parte de los jugadores situados en el perímetro del cuadrado. El equipo no poseedor del esférico se ubicará dentro del mismo con el objeto de interceptar el móvil.
Al mismo tiempo, aparece la figura del comodín, que participará siempre con el equipo poseedor del balón.
A los jugadores en posesión del móvil se les prohíbe realizar desplazamientos fuera de su espacio. Éste viene delimitado por los conos. No pueden invadir la zona de su/s compañero/s.
Consideraciones:
– En ningún momento se produce la detención del juego para intercambiar las funciones. Hay una transición rápida entre "ataque" (posesión del balón) y "defensa", que vendrá determinada por la interceptación del móvil.
– Tanto los defensas como el comodín interior pueden realizar desplazamientos libres dentro del cuadrado.
Consigna: Todos los jugadores juegan a 2 toques.
Objetivos:
– A nivel condicional: Resistencia específica I.
– A nivel técnico:
  • Ataque: el pase, el control-recepción, la pared.
  • Defensa: interceptación, entrada.
– A nivel táctico:
  • Ataque: pase al pie, pase al espacio, apoyo, conservación del balón.
  • Defensa: anticipación, aproximación al marcaje en zona.

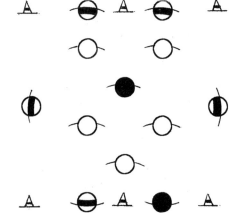

ACTIVIDAD 28

Material: 6 conos y 1 balón.
Número de jugadores: 12; 2 equipos de 5 jugadores y 2 comodines.
Espacio: La actividad se desarrolla en un espacio de:
 – Fútbol sala: 20 m de largo x 20 de ancho.
 – Fútbol: 25 m de largo x 25 de ancho.
Descripción de la actividad: La actividad consiste en la conservación del balón por parte de los jugadores situados en el perímetro del cuadrado. El equipo no poseedor del esférico se ubicará dentro del mismo con el objeto de interceptar el móvil.
Al mismo tiempo, se situará un jugador del equipo atacante en el interior del cuadrado participando siempre con sus compañeros en la posesión del esférico.
A los jugadores en posesión del móvil se les prohíbe realizar desplazamientos fuera de su espacio. Éste viene delimitado por los conos. No pueden invadir la zona de su/s compañero/s.
Consideraciones:
 – En ningún momento se produce la detención del juego para intercambiar las funciones. Hay una transición rápida entre "ataque" (posesión del balón) y "defensa", que vendrá determinada por la interceptación del móvil.
 – Los defensas pueden realizar desplazamientos libres en el interior del cuadrado.
Consigna: Todos los jugadores juegan a 2 toques.
Objetivos:
 – A nivel condicional: Resistencia mixta.
 – A nivel técnico:
   • Ataque: el pase, el control-recepción, la pared.
   • Defensa: interceptación, entrada.
 – A nivel táctico:
   • Ataque: pase al pie, pase al espacio, apoyo, conservación del balón.
   • Defensa: anticipación, aproximación al marcaje en zona.

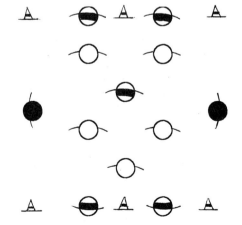

ACTIVIDAD 29

Material: 8 conos y 1 balón.
Número de jugadores: 6 jugadores y 1 comodín.
Espacio: La actividad se desarrolla en un espacio de 15 m de
largo x 15 de ancho.
Descripción de la actividad: 4 jugadores se sitúan en el perímetro
del cuadrado (como muestra el dibujo) con el objetivo de
conservar el balón, mientras dos adversarios se sitúan en
el interior del mismo con el objeto de interceptarlo.
A los jugadores en posesión del móvil se les prohíbe realizar
pases con el compañero de su zona, así como
desplazamientos fuera de este espacio (delimitado por conos).
Al mismo tiempo, aparece la figura del comodín, que
participará siempre con los jugadores en posesión del móvil.
Consideraciones:
– Los jugadores pueden realizar desplazamientos libres dentro
de su espacio.
Consigna: Todos los jugadores juegan a 2 toques.
Objetivos:
  – A nivel condicional: Resistencia aeróbica.
  – A nivel técnico:
    • Ataque: el pase, el control-recepción, la elevación.
    • Defensa: interceptación, entrada.
  – A nivel táctico:
    • Ataque: pase al pie, pase al espacio, apoyo, conservación
      del balón.
    • Defensa: anticipación, aproximación al marcaje en zona.

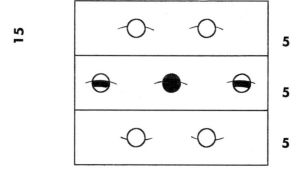

ACTIVIDAD 30

Material: 8 conos y 1 balón.
Número de jugadores: 3 equipos de 2 jugadores y 1 comodín.
Espacio: La actividad se desarrolla en un espacio de 16 m de largo x 16 de ancho.
Descripción de la actividad: 4 jugadores se sitúan en el perímetro del cuadrado (como muestra el dibujo) con el objetivo de conservar el balón, mientras dos adversarios se sitúan en el interior del mismo con el objeto de interceptarlo.
A los jugadores en posesión del móvil se les prohíbe realizar pases con el compañero de su zona, así como desplazamientos fuera de este espacio (delimitado por conos).
Al mismo tiempo, aparece la figura del comodín, que participará siempre con los jugadores en posesión del móvil.
Consideraciones:
– Los jugadores pueden realizar desplazamientos libres dentro de su espacio.
– El equipo que falle en la posesión del balón pasará a ser defensor (interceptador).
Consigna: Todos los jugadores juegan a 2 toques.
Objetivos:
– A nivel condicional: Resistencia específica I.
– A nivel técnico:
 • Ataque: el pase, el control-recepción, elevación.
 • Defensa: interceptación, entrada.
– A nivel táctico:
 • Ataque: pase al pie, pase al espacio, apoyo, conservación del balón.
 • Defensa: anticipación, aproximación al marcaje en zona.

16

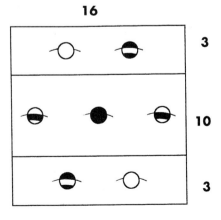

3

10

3

ACTIVIDAD 31

Material: 12 conos y 1 balón.
Número de jugadores: 3 equipos de 2 jugadores y 2 comodines.
Espacio: La actividad se desarrolla en un espacio de 20 m de largo x 20 de ancho.
Descripción de la actividad: 4 jugadores se sitúan en el perímetro del cuadrado (como muestra el dibujo) con el objetivo de conservar el balón, mientras dos adversarios se sitúan en el interior del mismo con el objeto de interceptarlo.

A los jugadores en posesión del móvil se les prohíbe realizar pases con el compañero de su zona, así como desplazamientos fuera de este espacio (delimitado por conos).

Al mismo tiempo, aparece la figura del comodín, que participará siempre con los jugadores en posesión del móvil, situándose a ambos lados del cuadrado.

Consideraciones:
– Los jugadores pueden realizar desplazamientos libres dentro de su espacio.
– El equipo que falle en la posesión del balón pasará a ser defensor (interceptador).

Consigna: Los jugadores juegan a 2 toques y los comodines a 1.
Objetivos:
– A nivel condicional: Resistencia mixta.
– A nivel técnico:
 • Ataque: el pase, el control-recepción.
 • Defensa: interceptación, entrada.
– A nivel táctico:
 • Ataque: pase al pie, pase al espacio, apoyo, conservación del balón.
 • Defensa: anticipación, aproximación al marcaje en zona.

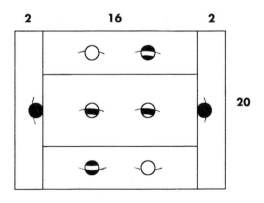

ACTIVIDAD 32

Material: 12 conos y 1 balón.
Número de jugadores: 3 equipos de 3 jugadores y 2 comodines.
Espacio: La actividad se desarrolla en un espacio de 25 m de largo x 25 de ancho.
Descripción de la actividad: 6 jugadores se sitúan en el perímetro del cuadrado (como muestra el dibujo) con el objetivo de conservar el balón, mientras 3 adversarios se sitúan en el interior con el objeto de interceptarlo.
A los jugadores en posesión del móvil se les prohíbe realizar pases con el compañero de su zona, así como desplazamientos fuera de este espacio (delimitado por conos).
Al mismo tiempo, aparece la figura del comodín, que participará siempre con los jugadores en posesión del móvil, situándose a ambos lados del cuadrado.
Consideraciones:
– Los jugadores pueden realizar desplazamientos libres dentro de su espacio.
– El equipo que falle en la posesión del balón pasará a ser defensor (interceptador).
Consigna: Los jugadores juegan a 2 toques y los comodines a 1.
Objetivos:
– A nivel condicional: Resistencia específica I.
– A nivel técnico:
  • Ataque: el pase, el control-recepción.
  • Defensa: interceptación, entrada.
– A nivel táctico:
  • Ataque: pase al pie, pase al espacio, apoyo, conservación del balón.
  • Defensa: anticipación, aproximación al marcaje en zona.

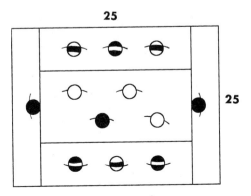

CAPÍTULO 3

ACTIVIDADES CON PENTÁGONOS

ACTIVIDAD 33

Material: 5 conos y 1 balón.

Número de jugadores: 8; 3 equipos de 2 jugadores y 2 comodines.

Espacio: Cada lado del pentágono mide:
- Fútbol sala: 10 m.
- Fútbol: 12 m.

Descripción de la actividad: La actividad consiste en la conservación del balón por parte de los jugadores situados en el perímetro del pentágono. El equipo no poseedor del esférico se ubicará dentro del mismo con el objeto de interceptar el móvil.

A los jugadores en posesión del móvil se les prohíbe realizar pases con el compañero de su zona, así como desplazamientos fuera de este espacio (delimitado por conos).

Al mismo tiempo, aparece la figura del comodín, que participará siempre con el equipo poseedor del balón.

A los jugadores en posesión del móvil se les prohíbe realizar desplazamientos fuera de su espacio. Éste viene delimitado por los conos. No pueden invadir la zona de su/s compañero/s.

Consideraciones:
- En ningún momento se produce la detención del juego para intercambiar las funciones. Hay una transición rápida entre "ataque" (posesión del balón) y "defensa", que vendrá determinada por la interceptación del móvil.
- Tanto los defensas como el comodín interior pueden realizar desplazamientos libres dentro del pentágono.

Consigna: Todos los jugadores juegan a 2 toques.

Objetivos:
- A nivel condicional: Resistencia mixta.
- A nivel técnico:
  - Ataque: el pase, el control-recepción, la pared.
  - Defensa: interceptación, entrada.
- A nivel táctico:
  - Ataque: pase al pie, pase al espacio, apoyo, conservación del balón.
  - Defensa: anticipación, aproximación al marcaje en zona.

ACTIVIDAD 34

Material: 5 conos y 1 balón.
Número de jugadores: 8; 3 equipos de 2 jugadores y 2 comodines.
Espacio: Cada lado del pentágono mide:
– Fútbol sala: 10 m.
– Fútbol: 12 m.
Descripción de la actividad: La actividad consiste en la conservación del balón por parte de los jugadores situados en el perímetro del pentágono. El equipo no poseedor del esférico se ubicará dentro del mismo con el objeto de interceptar el móvil. Al mismo tiempo, se situará un jugador del equipo atacante en el interior del pentágono participando siempre con sus compañeros en la posesión del esférico.
A los jugadores en posesión del móvil se les prohíbe realizar desplazamientos fuera de su espacio. Éste viene delimitado por los conos. No pueden invadir la zona de su/s compañero/s.
Consideraciones:
– En ningún momento se produce la detención del juego para intercambiar las funciones. Hay una transición rápida entre "ataque" (posesión del balón) y "defensa", que vendrá determinada por la interceptación del móvil.
– Los defensas pueden realizar desplazamientos libres en el interior del pentágono.
– El comodín participará siempre con el equipo poseedor del móvil.
Consigna: Todos los jugadores juegan a 2 toques.
Objetivos:
– A nivel condicional: Resistencia mixta.
– A nivel técnico:
  • Ataque: el pase, el control-recepción, la pared.
  • Defensa: interceptación, entrada.
– A nivel táctico:
  • Ataque: pase al pie, pase al espacio, apoyo, conservación del balón.
  • Defensa: anticipación, aproximación al marcaje en zona.

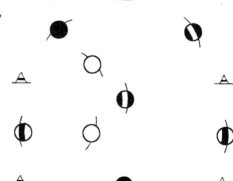

ACTIVIDAD 35

Material: 5 conos y 1 balón.
Número de jugadores: 9; 3 equipos de 3 jugadores y 3 comodines.
Espacio: Cada lado del pentágono mide:
– Fútbol sala: 10 m.
– Fútbol: 12 m.
Descripción de la actividad: La actividad consiste en la conservación del balón por parte de los jugadores situados en el perímetro del pentágono. El equipo no poseedor del esférico se ubicará dentro del mismo con el objeto de interceptar el móvil.
A los jugadores en posesión del móvil se les prohíbe realizar desplazamientos fuera de su espacio. Éste viene delimitado por los conos. No pueden invadir la zona de su/s compañero/s.
Consideraciones:
– En ningún momento se produce la detención del juego para intercambiar las funciones. Hay una transición rápida entre "ataque" (posesión del balón) y "defensa", que vendrá determinada por la interceptación del móvil.
– Tanto los defensas como el comodín interior pueden realizar desplazamientos libres dentro del pentágono.
Consigna: Todos los jugadores juegan a 2 toques.
Objetivos:
– A nivel condicional: Resistencia mixta.
– A nivel técnico:
 • Ataque: el pase, el control-recepción, la pared.
 • Defensa: interceptación, entrada.
– A nivel táctico:
 • Ataque: pase al pie, pase al espacio, apoyo, conservación del balón.
 • Defensa: anticipación, aproximación al marcaje en zona.

ACTIVIDAD 36

Material: 5 conos y 1 balón.
Número de jugadores: 9; 2 equipos de 3 jugadores y 3 comodines.
Espacio: Cada lado del pentágono mide:
 – Fútbol sala: 10 m.
 – Fútbol: 12 m.
Descripción de la actividad: La actividad consiste en la conservación del balón por parte de los jugadores situados en el perímetro del pentágono. El equipo no poseedor del esférico se ubicará dentro del mismo con el objeto de interceptar el móvil. Al mismo tiempo, se situará un jugador del equipo atacante en el interior del cuadrado participando siempre con sus compañeros en la posesión del esférico.
A los jugadores en posesión del móvil se les prohíbe realizar desplazamientos fuera de su espacio. Éste viene delimitado por los conos. No pueden invadir la zona de su/s compañero/s.
Consideraciones:
 – En ningún momento se produce la detención del juego para intercambiar las funciones. Hay una transición rápida entre "ataque" (posesión del balón) y "defensa", que vendrá determinada por la interceptación del móvil.
 – Los defensas pueden realizar desplazamientos libres en el interior del pentágono.
 – El comodín participará siempre con el equipo poseedor del móvil.
Consigna: Todos los jugadores juegan a 2 toques.
Objetivos:
 – A nivel condicional: Resistencia mixta.
 – A nivel técnico:
  • Ataque: el pase, el control-recepción, la pared.
  • Defensa: interceptación, entrada.
 – A nivel táctico:
  • Ataque: pase al pie, pase al espacio, apoyo, conservación del balón.
  • Defensa: anticipación, aproximación al marcaje en zona.

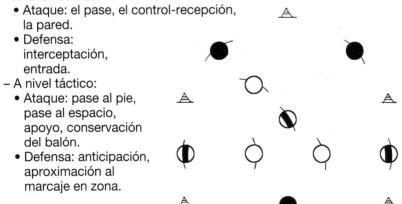

ACTIVIDAD 37

Material: 5 conos y 1 balón.
Número de jugadores: 9; 3 equipos de 3 jugadores.
Espacio: Cada lado del pentágono mide:
– Fútbol sala: 10 m.
– Fútbol: 12 m.
Descripción de la actividad: La actividad consiste en la conservación del balón por parte de los jugadores situados en el perímetro del pentágono. El equipo no poseedor del esférico se ubicará dentro del mismo con el objeto de interceptar el móvil. Al mismo tiempo, se situará un jugador del equipo atacante en el interior del cuadrado participando siempre con sus compañero en la posesión del esférico. A los jugadores en posesión del móvil se les prohíbe realizar desplazamientos fuera de su espacio. Éste viene delimitado por los conos. No pueden invadir la zona de su/s compañero/s.
Consideraciones:
– En ningún momento se produce la detención del juego para intercambiar las funciones. Hay una transición rápida entre "ataque" (posesión del balón) y "defensa", que vendrá determinada por la interceptación del móvil.
– Los defensas pueden realizar desplazamientos libres en el interior del pentágono.
Consigna: Todos los jugadores juegan a 2 toques.
Objetivos:
– A nivel condicional: Resistencia mixta.
– A nivel técnico:
  • Ataque: el pase, el control-recepción, la pared.
  • Defensa: interceptación, entrada.
– A nivel táctico:
  • Ataque: pase al pie, pase al espacio, apoyo, conservación del balón.
  • Defensa: anticipación, aproximación al marcaje en zona.

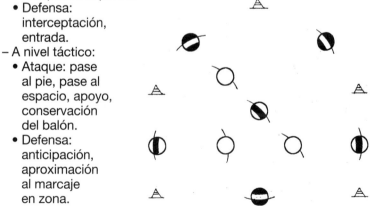

ACTIVIDAD 38

Material: 6 conos y 1 balón.
Número de jugadores: 10; 3 equipos de 3 jugadores y 1 comodín.
Espacio: Cada lado del pentágono mide:
– Fútbol sala: 12 m.
– Fútbol: 15 m.
Descripción de la actividad: La actividad consiste en la conservación del balón por parte de los jugadores situados en el perímetro del pentágono. El equipo no poseedor del esférico se ubicará dentro del mismo con el objeto de interceptar el móvil.
Al mismo tiempo, aparece la figura del comodín, que participará siempre con el equipo poseedor del balón.
A los jugadores en posesión del móvil se les prohíbe realizar desplazamientos fuera de su espacio. Éste viene delimitado por los conos. No pueden invadir la zona de su/s compañero/s.
Consideraciones:
– En ningún momento se produce la detención del juego para intercambiar las funciones. Hay una transición rápida entre "ataque" (posesión del balón) y "defensa", que vendrá determinada por la interceptación del móvil.
– Tanto los defensas como el comodín interior pueden realizar desplazamientos libres dentro del pentágono.
Consigna: Todos los jugadores juegan a 2 toques.
Objetivos:
– A nivel condicional: Resistencia mixta.
– A nivel técnico:
  • Ataque: el pase, el control-recepción, la pared.
  • Defensa: interceptación, entrada.
– A nivel táctico:
  • Ataque: pase al pie, pase al espacio, apoyo, conservación del balón.
  • Defensa: anticipación, aproximación al marcaje en zona.

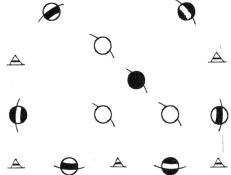

ACTIVIDAD 39

Material: 6 conos y 1 balón.
Número de jugadores: 10; 3 equipos de 3 jugadores y 1 comodín.
Espacio: Cada lado del pentágono mide:
– Fútbol sala: 12 m.
– Fútbol: 15 m.
Descripción de la actividad: La actividad consiste en la conservación del balón por parte de los jugadores situados en el perímetro del pentágono. El equipo no poseedor del esférico se ubicará dentro del mismo con el objeto de interceptar el móvil. Al mismo tiempo, se situará un jugador del equipo atacante en el interior del pentágono participando siempre con sus compañeros en la posesión del esférico.
A los jugadores en posesión del móvil se les prohíbe realizar desplazamientos fuera de su espacio. Éste viene delimitado por los conos. No pueden invadir la zona de su/s compañero/s.
Consideraciones:
– En ningún momento se produce la detención del juego para intercambiar las funciones. Hay una transición rápida entre "ataque" (posesión del balón) y "defensa", que vendrá determinada por la interceptación del móvil.
– Los defensas pueden realizar desplazamientos libres en el interior del pentágono.
– El comodín participará siempre con el equipo poseedor del móvil.
Consigna: Todos los jugadores juegan a 2 toques.
Objetivos:
– A nivel condicional: Resistencia mixta.
– A nivel técnico:
  • Ataque: el pase, el control-recepción, la pared.
  • Defensa: interceptación, entrada.
– A nivel táctico:
  • Ataque: pase al pie, pase al espacio, apoyo, conservación del balón.
  • Defensa: anticipación, aproximación al marcaje en zona.

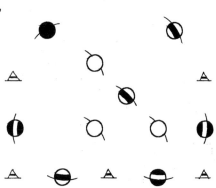

ACTIVIDAD 40

Material: 7 conos y 1 balón.
Número de jugadores: 11; 3 equipos de 3 jugadores y 2 comodines.
Espacio: Cada lado del pentágono mide:
– Fútbol sala: 12 m.
– Fútbol: 15 m.
Descripción de la actividad: La actividad consiste en la conservación
del balón por parte de los jugadores situados en el perímetro del
pentágono. El equipo no poseedor del esférico se ubicará dentro
del mismo con el objeto de interceptar el móvil.
Al mismo tiempo, aparece la figura del comodín, que participará
siempre con el equipo poseedor del balón.
A los jugadores en posesión del móvil se les prohíbe realizar
desplazamientos fuera de su espacio. Éste viene delimitado por
los conos. No pueden invadir la zona de su/s compañero/s.
Consideraciones:
– En ningún momento se produce la detención del juego para
intercambiar las funciones. Hay una transición rápida entre "ataque"
(posesión del balón) y "defensa", que vendrá determinada por la
interceptación del móvil.
– Tanto los defensas como el comodín interior pueden realizar
desplazamientos libres dentro del pentágono.
Consigna: Todos los jugadores juegan a 2 toques.
Objetivos:
– A nivel condicional: Resistencia mixta.
– A nivel técnico:
  • Ataque: el pase, el
    control-recepción,
    la pared.
  • Defensa:
    interceptación,
    entrada.
– A nivel táctico:
  • Ataque: pase al pie,
    pase al espacio,
    apoyo,
    conservación del
    balón.
  • Defensa:
    anticipación,
    aproximación al
    marcaje en zona.

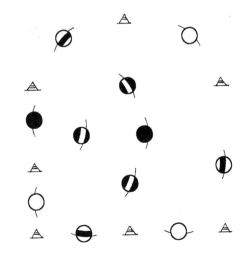

ACTIVIDAD 41

Material: 8 conos y 1 balón.
Número de jugadores: 12; 3 equipos de 3 jugadores y 3 comodines.
Espacio: Cada lado del pentágono mide:
– Fútbol sala: 12 m.
– Fútbol: 15 m.

Descripción de la actividad: La actividad consiste en la conservación del balón por parte de los jugadores situados en el perímetro del pentágono. El equipo no poseedor del esférico se ubicará dentro del mismo con el objeto de interceptar el móvil.
Al mismo tiempo, aparece la figura del comodín, que participará siempre con el equipo poseedor del balón.
A los jugadores en posesión del móvil se les prohíbe realizar desplazamientos fuera de su espacio. Éste viene delimitado por los conos. No pueden invadir la zona de su/s compañero/s.

Consideraciones:
– En ningún momento se produce la detención del juego para intercambiar las funciones. Hay una transición rápida entre "ataque" (posesión del balón) y "defensa", que vendrá determinada por la interceptación del móvil.
– Tanto los defensas como el comodín interior pueden realizar desplazamientos libres dentro del pentágono.

Consigna: Todos los jugadores juegan a 2 toques.

Objetivos:
– A nivel condicional: Resistencia mixta.
– A nivel técnico:
  • Ataque: el pase, el control-recepción, la pared.
  • Defensa: interceptación, entrada.
– A nivel táctico:
  • Ataque: pase al pie, pase al espacio, apoyo, conservación del balón.
  • Defensa: anticipación, aproximación al marcaje en zona.

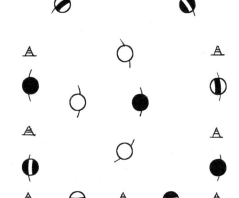

ACTIVIDAD 42

Material: 5 conos y 1 balón.
Número de jugadores: 10; 2 equipos de 4 jugadores y 2 comodines.
Espacio: Cada lado del pentágono mide:
– Fútbol sala: 12 m.
– Fútbol: 15 m.
Descripción de la actividad: La actividad consiste en la conservación del balón por parte de los jugadores situados en el perímetro del pentágono. El equipo no poseedor del esférico se ubicará dentro del mismo con el objeto de interceptar el móvil.
Al mismo tiempo, aparece la figura del comodín, que participará siempre con el equipo poseedor del balón.
A los jugadores en posesión del móvil se les prohíbe realizar desplazamientos fuera de su espacio. Éste viene delimitado por los conos. No pueden invadir la zona de su/s compañero/s.
Consideraciones:
– En ningún momento se produce la detención del juego para intercambiar las funciones. Hay una transición rápida entre "ataque" (posesión del balón) y "defensa", que vendrá determinada por la interceptación del móvil.
– Tanto los defensas como el comodín interior pueden realizar desplazamientos libres dentro del pentágono.
Consigna: Todos los jugadores juegan a 2 toques.
Objetivos:
– A nivel condicional: Resistencia mixta.
– A nivel técnico:
  • Ataque: el pase, el control-recepción, la pared.
  • Defensa: interceptación, entrada.
– A nivel táctico:
  • Ataque: pase al pie, pase al espacio, apoyo, conservación del balón.
  • Defensa: anticipación, aproximación al marcaje en zona.

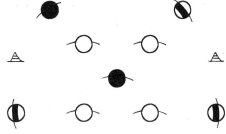

ACTIVIDAD 43

Material: 5 conos y 1 balón.
Número de jugadores: 10; 2 equipos de 4 jugadores y 2 comodines.
Espacio: Cada lado del pentágono mide:
– Fútbol sala: 12 m.
– Fútbol: 15 m.
Descripción de la actividad: La actividad consiste en la conservación del balón por parte de los jugadores situados en el perímetro del pentágono. El equipo no poseedor del esférico se ubicará dentro del mismo con el objeto de interceptar el móvil. Al mismo tiempo se situará un jugador del equipo atacante en el interior del pentágono participando siempre con sus compañeros en la posesión del esférico.
A los jugadores en posesión del móvil se les prohíbe realizar desplazamientos fuera de su espacio. Éste viene delimitado por los conos. No pueden invadir la zona de su/s compañero/s.
Consideraciones:
– En ningún momento se produce la detención del juego para intercambiar las funciones. Hay una transición rápida entre "ataque" (posesión del balón) y "defensa", que vendrá determinada por la interceptación del móvil.
– Tanto los defensas como el comodín interior pueden realizar desplazamientos libres dentro del pentágono.
– El comodín participará siempre con el equipo poseedor del balón.
Consigna: Todos los jugadores juegan a 2 toques.
Objetivos:
– A nivel condicional: Resistencia mixta.
– A nivel técnico:
  • Ataque: el pase, el control-recepción, la pared.
  • Defensa: interceptación, entrada.
– A nivel táctico:
  • Ataque: pase al pie, pase al espacio, apoyo, conservación del balón.
  • Defensa: anticipación, aproximación al marcaje en zona.

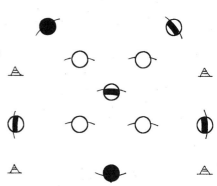

ACTIVIDAD 44

Material: 5 conos y 1 balón.
Número de jugadores: 10; 2 equipos de 4 jugadores y 2 comodines.
Espacio: Cada lado del pentágono mide:
– Fútbol sala: 12 m.
– Fútbol: 15 m.
Descripción de la actividad: La actividad consiste en la conservación del balón por parte de los jugadores situados en el perímetro del pentágono. El equipo no poseedor del esférico se ubicará dentro del mismo con el objeto de interceptar el móvil. Al mismo tiempo, se situará un jugador del equipo atacante en el interior del pentágono participando siempre con sus compañeros en la posesión del esférico.
A los jugadores en posesión del móvil se les prohíbe realizar desplazamientos fuera de su espacio. Éste viene delimitado por los conos. No pueden invadir la zona de su/s compañero/s.
Consideraciones:
– En ningún momento se produce la detención del juego para intercambiar las funciones. Hay una transición rápida entre "ataque" (posesión del balón) y "defensa", que vendrá determinada por la interceptación del móvil.
– Los defensas pueden realizar desplazamientos libres en el interior del pentágono.
– El comodín participará siempre con el equipo poseedor del móvil.
Consigna: Todos los jugadores juegan a 2 toques.
Objetivos:
– A nivel condicional: Resistencia específica I.
– A nivel técnico:
  • Ataque: el pase, el control-recepción, la pared.
  • Defensa: interceptación, entrada.
– A nivel táctico:
  • Ataque: pase al pie, pase al espacio, apoyo, conservación del balón.
  • Defensa: anticipación, aproximación al marcaje en zona.

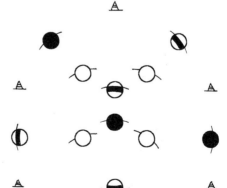

ACTIVIDAD 45

Material: 6 conos y 1 balón.
Número de jugadores: 11; 2 equipos de 4 jugadores y 3 comodines.
Espacio: Cada lado del pentágono mide:
– Fútbol sala: 12 m.
– Fútbol: 15 m.
Descripción de la actividad: La actividad consiste en la conservación del balón por parte de los jugadores situados en el perímetro del pentágono. El equipo no poseedor del esférico se ubicará dentro del mismo con el objeto de interceptar el móvil.
Al mismo tiempo, aparece la figura del comodín, que participará siempre con el equipo poseedor del balón.
A los jugadores en posesión del móvil se les prohíbe realizar desplazamientos fuera de su espacio. Éste viene delimitado por los conos. No pueden invadir la zona de su/s compañero/s.
Consideraciones:
– En ningún momento se produce la detención del juego para intercambiar las funciones. Hay una transición rápida entre "ataque" (posesión del balón) y "defensa", que vendrá determinada por la interceptación del móvil.
– Tanto los defensas como el comodín interior pueden realizar desplazamientos libres dentro del pentágono.
Consigna: Todos los jugadores juegan a 2 toques.
Objetivos:
– A nivel condicional: Resistencia específica I.
– A nivel técnico:
  • Ataque: el pase, el control-recepción, la pared.
  • Defensa: interceptación, entrada.
– A nivel táctico:
  • Ataque: pase al pie, pase al espacio, apoyo, conservación del balón.
  • Defensa: anticipación, aproximación al marcaje en zona.

ACTIVIDAD 46

Material: 6 conos y 1 balón.
Número de jugadores: 11; 2 equipos de 4 jugadores y 3 comodines.
Espacio: Cada lado del pentágono mide:
– Fútbol sala: 12 m.
– Fútbol: 15 m.
Descripción de la actividad: La actividad consiste en la conservación del balón por parte de los jugadores situados en el perímetro del pentágono. El equipo no poseedor del esférico se ubicará dentro del mismo con el objeto de interceptar el móvil. Al mismo tiempo, se situará un jugador del equipo atacante en el interior del pentágono participando siempre con sus compañeros en la posesión del esférico.
A los jugadores en posesión del móvil se les prohíbe realizar desplazamientos fuera de su espacio. Éste viene delimitado por los conos. No pueden invadir la zona de su/s compañero/s.
Consideraciones:
– En ningún momento se produce la detención del juego para intercambiar las funciones. Hay una transición rápida entre "ataque" (posesión del balón) y "defensa", que vendrá determinada por la interceptación del móvil.
– Los defensas pueden realizar desplazamientos libres en el interior del pentágono.
– El comodín participará siempre con el equipo poseedor del móvil.
Consigna: Todos los jugadores juegan a 2 toques.
Objetivos:
– A nivel condicional: Resistencia mixta.
– A nivel técnico:
• Ataque: el pase, el control-recepción, la pared.
• Defensa: interceptación, entrada.
– A nivel táctico:
• Ataque: pase al pie, pase al espacio, apoyo, conservación del balón.
• Defensa: anticipación, aproximación al marcaje en zona.

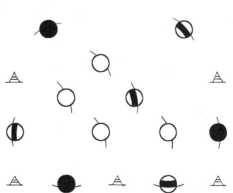

ACTIVIDAD 47

Material: 5 conos y 1 balón.
Número de jugadores: 11; 2 equipos de 4 jugadores y 3 comodines.
Espacio: Cada lado del pentágono mide:
  – Fútbol sala: 15 m.
  – Fútbol: 20 m.
Descripción de la actividad: La actividad consiste en la conservación del balón por parte de los jugadores situados en el perímetro del pentágono. El equipo no poseedor del esférico se ubicará dentro del mismo con el objeto de interceptar el móvil. Al mismo tiempo, se situarán dos jugadores del equipo atacante en el interior del pentágono participando siempre con sus compañeros en la posesión del esférico.
A los jugadores en posesión del móvil se les prohíbe realizar desplazamientos fuera de su espacio. Éste viene delimitado por los conos. No pueden invadir la zona de su/s compañero/s.
Consideraciones:
  – En ningún momento se produce la detención del juego para intercambiar las funciones. Hay una transición rápida entre "ataque" (posesión del balón) y "defensa", que vendrá determinada por la interceptación del móvil.
  – Los defensas pueden realizar desplazamientos libres en el interior del pentágono.
  – Los comodines participarán siempre con el equipo poseedor del balón.
Consigna: Todos los jugadores juegan a 2 toques.
Objetivos:
  – A nivel condicional: Resistencia específica I.
  – A nivel técnico:
    • Ataque: el pase, el control-recepción, la pared.
    • Defensa: interceptación, entrada.
  – A nivel táctico:
    • Ataque: pase al pie, pase al espacio, apoyo, conservación del balón.
    • Defensa: anticipación, aproximación al marcaje en zona.

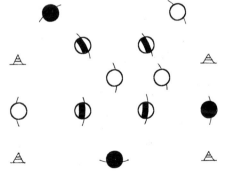

ACTIVIDAD 48

Material: 6 conos y 1 balón.
Número de jugadores: 12; 3 equipos de 4 jugadores.
Espacio: Cada lado del pentágono mide:
– Fútbol sala: 15 m.
– Fútbol: 20 m.
Descripción de la actividad: La actividad consiste en la conservación del balón por parte de los jugadores situados en el perímetro del pentágono. El equipo no poseedor del esférico se ubicará dentro del mismo con el objeto de interceptar el móvil. Al mismo tiempo, se situarán dos jugadores de un mismo equipo atacante en el interior del pentágono participando siempre en la posesión del esférico. A los jugadores en posesión del móvil se les prohíbe realizar desplazamientos fuera de su espacio. Éste viene delimitado por los conos. No pueden invadir la zona de su/s compañero/s.
Consideraciones:
– En ningún momento se produce la detención del juego para intercambiar las funciones. Hay una transición rápida entre "ataque" (posesión del balón) y "defensa", que vendrá determinada por la interceptación del móvil.
– Los defensas pueden realizar desplazamientos libres en el interior del pentágono.
Consigna: Todos los jugadores juegan a 2 toques.
Objetivos:
– A nivel condicional: Resistencia específica I.
– A nivel técnico:
  • Ataque: el pase, el control-recepción, la pared.
  • Defensa: interceptación, entrada.
– A nivel táctico:
  • Ataque: pase al pie, pase al espacio, apoyo, conservación del balón.
  • Defensa: anticipación, aproximación al marcaje en zona.

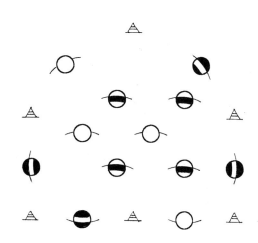

ACTIVIDAD 49

Material: 6 conos y 1 balón.
Número de jugadores: 12; 3 equipos de 4 jugadores.
Espacio: Cada lado del pentágono mide:
– Fútbol sala: 15 m.
– Fútbol: 20 m.
Descripción de la actividad: La actividad consiste en la conservación del balón por parte de los jugadores situados en el perímetro del pentágono. El equipo no poseedor del esférico se ubicará dentro del mismo con el objeto de interceptar el móvil. Al mismo tiempo, se situarán dos jugadores atacantes (uno de cada equipo) en el interior del pentágono participando siempre en la posesión del esférico.
A los jugadores en posesión del móvil se les prohíbe realizar desplazamientos fuera de su espacio. Éste viene delimitado por los conos. No pueden invadir la zona de su/s compañero/s.
Consideraciones:
– En ningún momento se produce la detención del juego para intercambiar las funciones. Hay una transición rápida entre "ataque" (posesión del balón) y "defensa", que vendrá determinada por la interceptación del móvil.
– Los defensas pueden realizar desplazamientos libres en el interior del pentágono.
Consigna: Todos los jugadores juegan a 2 toques.
Objetivos:
– A nivel condicional: Resistencia específica I.
– A nivel técnico:
  • Ataque: el pase, el control-recepción, la pared.
  • Defensa: interceptación, entrada.
– A nivel táctico:
  • Ataque: pase al pie, pase al espacio, apoyo, conservación del balón.
  • Defensa: anticipación, aproximación al marcaje en zona.

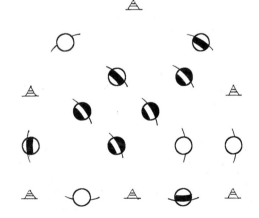

ACTIVIDAD 50

Material: 8 conos y 1 balón.
Número de jugadores: 13; 3 equipos de 4 jugadores y 1 comodín.
Espacio: Cada lado del pentágono mide:
– Fútbol sala: 15 m.
– Fútbol: 20 m.
Descripción de la actividad: La actividad consiste en la conservación del balón por parte de los jugadores situados en el perímetro del pentágono. El equipo no poseedor del esférico se ubicará dentro del mismo con el objeto de interceptar el móvil. Al mismo tiempo, aparece la figura del comodín, que participará siempre con el equipo poseedor del balón.
A los jugadores en posesión del móvil se les prohíbe realizar desplazamientos fuera de su espacio. Éste viene delimitado por los conos. No pueden invadir la zona de su/s compañero/s.
Considaraciones:
– En ningún momento se produce la detención del juego para intercambiar las funciones. Hay una transición rápida entre "ataque" (posesión del balón) y "defensa", que vendrá determinada por la interceptación del móvil.
– Tanto los defensas como el comodín interior pueden realizar desplazamientos libres dentro del pentágono.
– El equipo que falle en la posesión del móvil se convertirá en "defensor".
Consigna: Todos los jugadores juegan a 2 toques.
Objetivos:
– A nivel condicional: Resistencia específica I.
– A nivel técnico:
  • Ataque: el pase, el control-recepción, la pared.
  • Defensa: interceptación, entrada.
– A nivel táctico:
  • Ataque: pase al pie, pase al espacio, apoyo, conservación del balón.
  • Defensa: anticipación, aproximación al marcaje en zona.

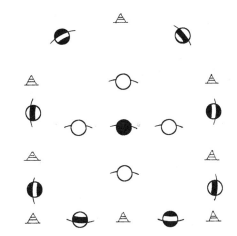

ACTIVIDAD 51

Material: 8 conos y 1 balón.
Número de jugadores: 13; 3 equipos de 4 jugadores y 1 comodín.
Espacio: Cada lado del pentágono mide:
– Fútbol sala: 15 m.
– Fútbol: 20 m.
Descripción de la actividad: La actividad consiste en la conservación del balón por parte de los jugadores situados en el perímetro del pentágono. El equipo no poseedor del esférico se ubicará dentro del mismo con el objeto de interceptar el móvil. Al mismo tiempo, se situará un jugador del equipo atacante en el interior del pentágono participando siempre con sus compañeros en la posesión del esférico.
A los jugadores en posesión del móvil se les prohíbe realizar desplazamientos fuera de su espacio. Éste viene delimitado por los conos. No pueden invadir la zona de su/s compañero/s.
Consideraciones:
– En ningún momento se produce la detención del juego para intercambiar las funciones. Hay una transición rápida entre "ataque" (posesión del balón) y "defensa", que vendrá determinada por la interceptación del móvil.
– Los defensas pueden realizar desplazamientos libres en el interior del pentágono.
– El comodín participará siempre con el equipo poseedor del balón.
Consigna: Todos los jugadores juegan a 2 toques.
Objetivos:
– A nivel condicional: Resistencia específica I.
– A nivel técnico:
• Ataque: el pase, el control-recepción, la pared.
• Defensa: interceptación, entrada.
– A nivel táctico:
• Ataque: pase al pie, pase al espacio, apoyo, conservación del balón.
• Defensa: anticipación, aproximación al marcaje en zona.

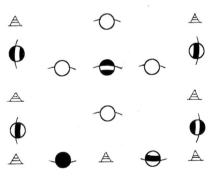

ACTIVIDAD 52

Material: 5 conos y 1 balón.
Número de jugadores: 11; 2 equipos de 5 jugadores y 1 comodín.
Espacio: Cada lado del pentágono mide:
– Fútbol sala: 15 m.
– Fútbol: 20 m.
Descripción de la actividad: La actividad consiste en la conservación del balón por parte de los jugadores situados en el perímetro del pentágono. El equipo no poseedor del esférico se ubicará dentro del mismo con el objeto de interceptar el móvil.
Al mismo tiempo, aparece la figura del comodín, que participará siempre con el equipo poseedor del balón.
A los jugadores en posesión del móvil se les prohíbe realizar desplazamientos fuera de su espacio. Éste viene delimitado por los conos. No pueden invadir la zona de su/s compañero/s.
Consideraciones:
– En ningún momento se produce la detención del juego para intercambiar las funciones. Hay una transición rápida entre "ataque" (posesión del balón) y "defensa", que vendrá determinada por la interceptación del móvil.
– Tanto los defensas como el comodín interior pueden realizar desplazamientos libres dentro del pentágono.
Consigna: Todos los jugadores juegan a 2 toques.
Objetivos:
– A nivel condicional: Resistencia específica I.
– A nivel técnico:
  • Ataque: el pase, el control-recepción, la pared.
  • Defensa: interceptación, entrada.
– A nivel táctico:
  • Ataque: pase al pie, pase al espacio, apoyo, conservación del balón.
  • Defensa: anticipación, aproximación al marcaje en zona.

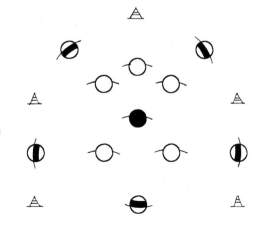

ACTIVIDAD 53

Material: 5 conos y 1 balón.
Número de jugadores: 11; 2 equipos de 5 jugadores y 1 comodín.
Espacio: Cada lado del pentágono mide:
– Fútbol sala: 15 m.
– Fútbol: 20 m.
Descripción de la actividad: La actividad consiste en la conservación del balón por parte de los jugadores situados en el perímetro del pentágono. El equipo no poseedor del esférico se ubicará dentro del mismo con el objeto de interceptar el móvil. Al mismo tiempo, se situará un jugador del equipo atacante en el interior del pentágono participando siempre con sus compañeros en la posesión del esférico.
A los jugadores en posesión del móvil se les prohíbe realizar desplazamientos fuera de su espacio. Éste viene delimitado por los conos. No pueden invadir la zona de su/s compañero/s.
Consideraciones:
– En ningún momento se produce la detención del juego para intercambiar las funciones. Hay una transición rápida entre "ataque" (posesión del balón) y "defensa", que vendrá determinada por la interceptación del móvil.
– Los defensas pueden realizar desplazamientos libres en el interior del pentágono.
– El comodín participará siempre con el equipo poseedor del balón.
Consigna: Todos los jugadores juegan a 2 toques.
Objetivos:
– A nivel condicional: Resistencia específica I.
– A nivel técnico:
  • Ataque: el pase, el control-recepción, la pared.
  • Defensa: interceptación, entrada.
– A nivel táctico:
  • Ataque: pase al pie, pase al espacio, apoyo, conservación del balón.
  • Defensa: anticipación, aproximación al marcaje en zona

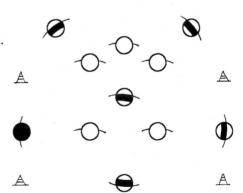

CAPÍTULO 4

ACTIVIDADES CON HEXÁGONOS

ACTIVIDAD 54

Material: 6 conos y 1 balón.
Número de jugadores: 10; 3 equipos de 3 jugadores y 1 comodín.
Espacio: Cada lado del hexágono mide:
– Fútbol sala: 15 m.
– Fútbol: 20 m.
Descripción de la actividad: La actividad consiste en la conservación del balón por parte de los jugadores situados en el perímetro del hexágono. El equipo no poseedor del esférico se ubicará dentro del mismo con el objeto de interceptar el móvil. Al mismo tiempo, aparece la figura del comodín, que participará siempre con el equipo poseedor del balón.
A los jugadores en posesión del móvil se les prohíbe realizar desplazamientos fuera de su espacio. Éste viene delimitado por los conos. No pueden invadir la zona de su/s compañero/s.
Consideraciones:
– En ningún momento se produce la detención del juego para intercambiar las funciones. Hay una transición rápida entre "ataque" (posesión del balón) y "defensa", que vendrá determinada por la interceptación del móvil.
– Tanto los defensas como el comodín pueden realizar desplazamientos libres dentro del hexágono.
Consigna: Todos los jugadores juegan a 2 toques.
Objetivos:
– A nivel condicional: Resistencia mixta.
– A nivel técnico:
• Ataque: el pase, el control-recepción, la pared.
• Defensa: interceptación, entrada.
– A nivel táctico:
• Ataque: pase al pie, pase al espacio, apoyo, conservación del balón.
• Defensa: anticipación, aproximación al marcaje en zona.

ACTIVIDAD 55

Material: 6 conos y 1 balón.
Número de jugadores: 10; 3 equipos de 3 jugadores y 1 comodín.
Espacio: Cada lado del hexágono mide:
– Fútbol sala: 12 m.
– Fútbol: 15 m.
Descripción de la actividad: La actividad consiste en la conservación del balón por parte de los jugadores situados en el perímetro del hexágono. El equipo no poseedor del esférico se ubicará dentro del mismo con el objeto de interceptar el móvil. Al mismo tiempo, se situará un jugador del equipo atacante en el interior del hexágono participando siempre con sus compañeros en la posesión del esférico.
A los jugadores en posesión del móvil se les prohíbe realizar desplazamientos fuera de su espacio. Éste viene delimitado por los conos. No pueden invadir la zona de su/s compañero/s.
Consideraciones:
– En ningún momento se produce la detención del juego para intercambiar las funciones. Hay una transición rápida entre "ataque" (posesión del balón) y "defensa", que vendrá determinada por la interceptación del móvil.
– Los defensas pueden realizar desplazamientos libres en el interior del pentágono.
– El comodín participará siempre con el equipo poseedor del balón.
Consigna: Todos los jugadores juegan a 2 toques.
Objetivos:
– A nivel condicional: Resistencia mixta.
– A nivel técnico:
  • Ataque: el pase, el control-recepción, la pared.
  • Defensa: interceptación, entrada.
– A nivel táctico:
  • Ataque: pase al pie, pase al espacio, apoyo, conservación del balón.
  • Defensa: anticipación, aproximación al marcaje en zona.

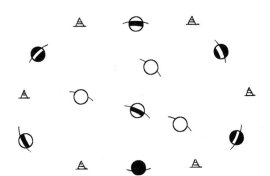

ACTIVIDAD 56

Material: 6 conos y 1 balón.
Número de jugadores: 11; 2 equipos de 4 jugadores y 3 comodines.
Espacio: Cada lado del hexágono mide:
– Fútbol sala: 12 m.
– Fútbol: 15 m.
Descripción de la actividad: La actividad consiste en la conservación del balón por parte de los jugadores situados en el perímetro del hexágono. El equipo no poseedor del esférico se ubicará dentro del mismo con el objeto de interceptar el móvil. Al mismo tiempo, aparece la figura del comodín, que participará siempre con el equipo poseedor del balón.
A los jugadores en posesión del móvil se les prohíbe realizar desplazamientos fuera de su espacio. Éste viene delimitado por los conos. No pueden invadir la zona de su/s compañero/s.
Consideraciones:
– En ningún momento se produce la detención del juego para intercambiar las funciones. Hay una transición rápida entre "ataque" (posesión del balón) y "defensa", que vendrá determinada por la interceptación del móvil.
– Tanto los defensas como el comodín pueden realizar desplazamientos libres dentro del hexágono.
Consigna: Todos los jugadores juegan a 2 toques.
Objetivos:
– A nivel condicional: Resistencia específica I.
– A nivel técnico:
  • Ataque: el pase, el control-recepción, la pared.
  • Defensa: interceptación, entrada.
– A nivel táctico:
  • Ataque: pase al pie, pase al espacio, apoyo, conservación del balón.
  • Defensa: anticipación, aproximación al marcaje en zona.

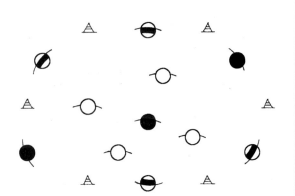

ACTIVIDAD 57

Material: 6 conos y 1 balón.
Número de jugadores: 11; 2 equipos de 4 jugadores y 3 comodines.
Espacio: Cada lado del hexágono mide:
– Fútbol sala: 12 m.
– Fútbol: 15 m.
Descripción de la actividad: La actividad consiste en la conservación del balón por parte de los jugadores situados en el perímetro del pentágono. El equipo no poseedor del esférico se ubicará dentro del mismo con el objeto de interceptar el móvil. Al mismo tiempo, se situará un jugador del equipo atacante en el interior del hexágono participando siempre con sus compañeros en la posesión del esférico.
A los jugadores en posesión del móvil se les prohíbe realizar desplazamientos fuera de su espacio. Éste viene delimitado por los conos. No pueden invadir la zona de su/s compañero/s.
Consideraciones:
– En ningún momento se produce la detención del juego para intercambiar las funciones. Hay una transición rápida entre "ataque" (posesión del balón) y "defensa", que vendrá determinada por la interceptación del móvil.
– Los defensas pueden realizar desplazamientos libres en el interior del hexágono.
– Los comodines participarán siempre con el equipo poseedor del balón.
Consigna: Todos los jugadores juegan a 2 toques.
Objetivos:
– A nivel condicional: Resistencia específica I.
– A nivel técnico:
  • Ataque: el pase, el control-recepción, la pared.
  • Defensa: interceptación, entrada.
– A nivel táctico:
  • Ataque: pase al pie, pase al espacio, apoyo, conservación del balón.
  • Defensa: anticipación, aproximación al marcaje en zona.

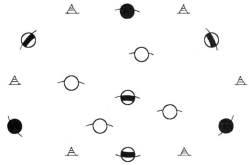

ACTIVIDAD 58

Material: 6 conos y 1 balón.
Número de jugadores: 12; 2 equipos de 5 jugadores y 2 comodines.
Espacio: Cada lado del hexágono mide:
– Fútbol sala: 12 m.
– Fútbol: 15 m.
Descripción de la actividad: La actividad consiste en la conservación del balón por parte de los jugadores situados en el perímetro del pentágono. El equipo no poseedor del esférico se ubicará dentro del mismo con el objeto de interceptar el móvil. Al mismo tiempo, aparece la figura del comodín, que participará siempre con el equipo poseedor del balón.
A los jugadores en posesión del móvil se les prohíbe realizar desplazamientos fuera de su espacio. Éste viene delimitado por los conos. No pueden invadir la zona de su/s compañero/s.
Consideraciones:
– En ningún momento se produce la detención del juego para intercambiar las funciones. Hay una transición rápida entre "ataque" (posesión del balón) y "defensa", que vendrá determinada por la interceptación del móvil.
– Tanto los defensas como el comodín pueden realizar desplazamientos libres dentro del hexágono.
Consigna: Todos los jugadores juegan a 2 toques.
Objetivos:
– A nivel condicional: Resistencia específica I.
– A nivel técnico:
  • Ataque: el pase, el control-recepción, la pared.
  • Defensa: interceptación, entrada.
– A nivel táctico:
  • Ataque: pase al pie, pase al espacio, apoyo, conservación del balón.
  • Defensa: anticipación, aproximación al marcaje en zona.

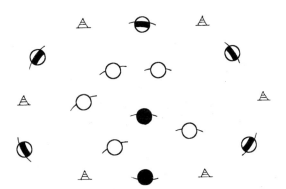

ACTIVIDAD 59

Material: 6 conos y 1 balón.
Número de jugadores: 12; 2 equipos de 5 jugadores y 2 comodines.
Espacio: Cada lado del hexágono mide:
– Fútbol sala: 12 m.
– Fútbol: 15 m.
Descripción de la actividad: La actividad consiste en la conservación del balón por parte de los jugadores situados en el perímetro del pentágono. El equipo no poseedor del esférico se ubicará dentro del mismo con el objeto de interceptar el móvil. Al mismo tiempo, se situará un jugador del equipo atacante en el interior del hexágono participando siempre con sus compañeros en la posesión del esférico.
A los jugadores en posesión del móvil se les prohíbe realizar desplazamientos fuera de su espacio. Éste viene delimitado por los conos. No pueden invadir la zona de su/s compañero/s.
Consideraciones:
– En ningún momento se produce la detención del juego para intercambiar las funciones. Hay una transición rápida entre "ataque" (posesión del balón) y "defensa", que vendrá determinada por la interceptación del móvil.
– Los defensas pueden realizar desplazamientos libres en el interior del hexágono.
– Los comodines participarán siempre con el equipo poseedor del balón.
Consigna: Todos los jugadores juegan a 2 toques.
Objetivos:
– A nivel condicional: Resistencia específica I.
– A nivel técnico:
• Ataque: el pase, el control-recepción, la pared.
• Defensa: interceptación, entrada.
– A nivel táctico:
• Ataque: pase al pie, pase al espacio, apoyo, conservación del balón.
• Defensa: anticipación, aproximación al marcaje en zona.

CAPÍTULO 5

ACTIVIDADES CON DOBLES CUADRADOS

ACTIVIDAD 60

Material: 6 conos y 3 balones.
Número de jugadores: 6.
Espacio: La actividad se desarrolla en 2 cuadrados de:
– Fútbol sala: 10 x 10 m de lado.
– Fútbol: 12 x 12 m de lado.
Descripción de la actividad: 2 equipos de 3 jugadores se enfrentan
entre sí persiguiendo el objetivo siguiente:
El equipo que obtenga la posesión del balón, sin salir de su espacio
(equipo A - cuadrado A), intentará conservar el móvil con el propósito
de realizar 5 pases.
Para impedirlo, 2 adversarios invadirán el cuadrado de sus oponentes
con el objeto de interceptarlo.
Consideraciones:
– Los pases tienen que realizarse de forma ininterrumpida.
– Si el balón es interceptado o tocado por un jugador "defensor",
el entrenador introducirá un nuevo móvil en el cuadrado opuesto.
– Si el esférico sale fuera de los cuadrados, el entrenador introducirá
rápidamente otro balón hacia la zona que desee.
– El equipo que realice 5 pases obtendrá 1 punto.
Variante:
– Se puede modificar el número de pases a conseguir.
Consigna: Todos los jugadores juegan a 2 toques.
Objetivos:
- A nivel condicional: Resistencia específica II (resistencia mixta con
predominio anaeróbico).
‣ A nivel técnico: ataque: el pase, el control-recepción, la pared,
el regate simple.
 • Defensa: interceptación, entrada.
- A nivel táctico:
 • En ataque: pase
 al pie, pase
 al espacio,
 desmarque de
 apoyo y de
 ruptura,
 conservación
 del balón.
 • En defensa:
 pressing al
 jugador
 poseedor
 del balón.

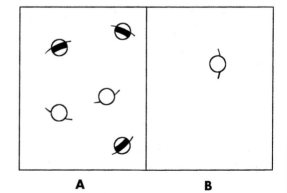

A   B

ACTIVIDAD 61

Material: 6 conos y 3 balones.
Número de jugadores: 7; 2 equipos de 3 jugadores y 1 comodín.
Espacio: La actividad se desarrolla en 2 cuadrados de:
– Fútbol sala: 10 x 10 m de lado.
– Fútbol: 12 x 12 m de lado.
Descripción de la actividad: 2 equipos de 3 jugadores se enfrentan
entre sí persiguiendo el objetivo siguiente:
El equipo que obtenga la posesión del balón, sin salir de su espacio
(equipo A - cuadrado A), intentará conservar el móvil con el propósito
de realizar 5 pases.
Para impedirlo, 2 adversarios invadirán el cuadrado de sus oponentes
con el objeto de interceptarlo.
Consideraciones:
– Los pases tienen que realizarse de forma ininterrumpida.
– Si el balón es interceptado o tocado por un jugador "defensor",
el entrenador introducirá un nuevo móvil en el cuadrado opuesto.
– Si el esférico sale fuera de los cuadrados, el entrenador introducirá
rápidamente otro balón hacia la zona que desee.
– El equipo que realice 5 pases obtendrá 1 punto.
– El comodín siempre participará con el equipo poseedor del balón,
desplazándose hacia uno y otro espacio.
Variante:
– Se pueden modificar el número de pases a conseguir.
Consigna: Todos los jugadores juegan a 2 toques.
Objetivos:
- A nivel condicional: Resistencia específica II.
- A nivel técnico:
 • Ataque: el pase, el control-recepción, la pared, el regate simple.
 • Defensa: interceptación, entrada.
- A nivel táctico:
 • En ataque: ataque: pase al pie, pase
 al espacio,
 desmarque
 de apoyo y
 de ruptura,
 control del
 juego.
 • En defensa:
 pressing al
 jugador
 poseedor del
 balón.

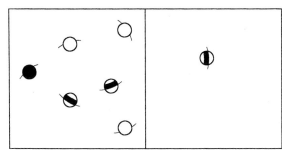

A   B

ACTIVIDAD 62

Material: 6 conos y 3 balones
Número de jugadores: 8.
Espacio: La actividad se desarrolla en 2 cuadrados de:
– Fútbol sala: 10 x 10 m.
– Fútbol: 12 x 12 m.

Descripción de la actividad: 2 equipos de 4 jugadores se enfrentan entre sí persiguiendo el objetivo siguiente: el equipo que obtenga la posesión del balón, sin salir de su espacio (equipo A - cuadrado A), intentará conservar el móvil con el propósito de realizar 5 pases. Para impedirlo, 2 adversarios invadirán el cuadrado de sus oponentes con el objeto de interceptarlo.

Consideraciones:
– Los pases tienen que realizarse de forma ininterrumpida.
– Si el balón es interceptado o tocado por un jugador "defensor", el entrenador introducirá un nuevo móvil en el cuadrado opuesto.
– Si el esférico sale fuera de los cuadrados, el entrenador introducirá rápidamente otro balón hacia la zona que desee.
– El equipo que realice 5 pases obtendrá 1 punto.

Variante:
– Se puede modificar el número de pases a conseguir.

Consigna: Todos los jugadores juegan a 2 toques.
Objetivos:
- A nivel condicional: Resistencia específica II.
- A nivel técnico:
  • Ataque: el pase, el control-recepción, la pared, el regate simple.
  • Defensa: interceptación, entrada.
- A nivel táctico:
  • En ataque: pase al pie, pase al espacio, desmarque de apoyo y de ruptura, conservación del balón.
  • En defensa: pressing al jugador poseedor del balón.

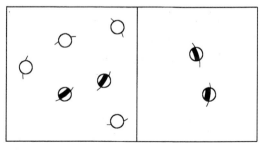

A   B

ACTIVIDAD 63

Material: 6 conos y 3 balones.
Número de jugadores: 8.
Espacio: La actividad se desarrolla en 2 cuadrados de:
– Fútbol sala: 12 x 12 m de lado.
– Fútbol: 20 x 20 m de lado.
Descripción de la actividad: 2 equipos de 4 jugadores se enfrentan entre sí persiguiendo el objetivo siguiente:
El equipo que obtenga la posesión del balón, sin salir de su espacio (equipo A - cuadrado A), intentará conservar el móvil con el propósito de realizar 5 pases.
Para impedirlo, 3 adversarios invadirán el cuadrado de sus oponentes con el objeto de interceptarlo.
Consideraciones:
– Los pases tienen que realizarse de forma ininterrumpida.
– Si el balón es interceptado o tocado por un jugador "defensor", el entrenador introducirá un nuevo móvil en el cuadrado opuesto.
– Si el esférico sale fuera de los cuadrados, el entrenador introducirá rápidamente otro balón hacia la zona que desee.
– El equipo que realice 5 pases obtendrá 1 punto.
Variante:
– Se puede modificar el número de pases a conseguir.
Consigna: Todos los jugadores juegan a 2 toques.
Objetivos:
- A nivel condicional: Resistencia específica II.
- A nivel técnico:
  • Ataque: el pase, el control-recepción, la pared, el regate simple.
  • Defensa: interceptación, entrada.
- A nivel táctico:
  • En ataque: pase al pie, pase al espacio, desmarque de apoyo y de ruptura, conservación del balón.
  • En defensa: pressing al jugador poseedor del balón.

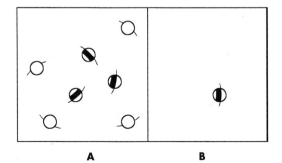

A   B

ACTIVIDAD 64

Material: 6 conos y 3 balones.
Número de jugadores: 9; 2 equipos de 4 jugadores y 1 comodín.
Espacio: La actividad se desarrolla en 2 cuadrados de:
– Fútbol sala: 12 x 12 m.
– Fútbol: 20 x 20 m.

Descripción de la actividad: 2 equipos de 4 jugadores se enfrentan entre sí persiguiendo el objetivo siguiente:
El equipo que obtenga la posesión del balón, sin salir de su espacio (equipo A - cuadrado A), intentará conservar el móvil con el propósito de realizar 5 pases.
Para impedirlo, 3 adversarios invadirán el cuadrado de sus oponentes con el objeto de interceptarlo.
Consideraciones:
– Los pases tienen que realizarse de forma ininterrumpida.
– Si el balón es interceptado o tocado por un jugador "defensor", el entrenador introducirá un nuevo móvil en el cuadrado opuesto.
– Si el esférico sale fuera de los cuadrados, el entrenador introducirá rápidamente otro balón hacia la zona que desee.
– El equipo que realice 5 pases obtendrá 1 punto.
– El comodín siempre participará con el equipo poseedor del balón, desplazándose hacia uno y otro espacio.
Variante:
– Se puede modificar el número de pases a conseguir.
Consigna: Todos los jugadores juegan a 2 toques.
Objetivos:
- A nivel condicional: Resistencia específica II.
- A nivel técnico:
 • Ataque: el pase, el control-recepción, la pared, el regate simple.
 • Defensa: interceptación, entrada.
- A nivel táctico:
 • En ataque: pase al pie, pase al espacio, desmarque de apoyo y de ruptura, conservación del balón.
 • En defensa: pressing al jugador poseedor del balón.

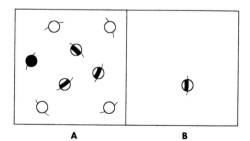

A   B

ACTIVIDAD 65

Material: 6 conos y 3 balones.
Número de jugadores: 9; 2 equipos de 4 jugadores y 1 comodín.
Espacio: La actividad se desarrolla en 2 cuadrados de:
– Fútbol sala: 12 x 12 m de lado.
– Fútbol: 20 x 20 m de lado.
Descripción de la actividad: 2 equipos de 4 jugadores se enfrentan entre sí persiguiendo el objetivo siguiente:
El equipo que obtenga la posesión del balón, sin salir de su espacio (equipo A - cuadrado A), intentará conservar el móvil con el propósito de realizar 5 pases.
Para impedirlo, 3 adversarios invadirán el cuadrado de sus oponentes con el objeto de interceptarlo.
Consideraciones:
– Los pases tienen que realizarse de forma ininterrumpida.
– Si el balón es interceptado o tocado por un jugador "defensor", el entrenador introducirá un nuevo móvil en el cuadrado opuesto.
– Si el esférico sale fuera de los cuadrados, el entrenador introducirá rápidamente otro balón hacia la zona que desee.
– El equipo que realice 5 pases obtendrá 1 punto.
– El comodín se situará fuera de los cuadrados participando con el equipo poseedor del balón, desplazándose por el exterior.
Variante:
– Se pueden modificar el número de pases a conseguir.
Consigna: Todos los jugadores juegan a 2 toques.
Objetivos:
- A nivel condicional: Resistencia específica II.
- A nivel técnico:
 • Ataque: el pase, el control-recepción, la pared, el regate simple.
 • Defensa: interceptación, entrada.
- A nivel táctico:
 • En ataque: pase al pie, pase al espacio, desmarque de apoyo y de ruptura, conservación del balón.
 • En defensa: pressing al jugador poseedor del balón.

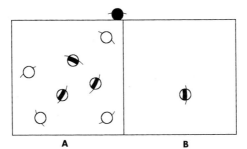

ACTIVIDAD 66

Material: 6 conos y 3 balones.
Número de jugadores: 10.
Espacio: La actividad se desarrolla en 2 cuadrados de:
– Fútbol sala: 12 x 12 m de lado.
– Fútbol: 20 x 20 m de lado.
Descripción de la actividad: 2 equipos de 5 jugadores se enfrentan
entre sí persiguiendo el objetivo siguiente:
El equipo que obtenga la posesión del balón, sin salir de su espacio
(equipo A - cuadrado A), intentará conservar el móvil con el propósito
de realizar 5 pases.
Para impedirlo, 2 adversarios invadirán el cuadrado de sus oponentes
con el objeto de interceptarlo.
Consideraciones:
– Los pases tienen que realizarse de forma ininterrumpida.
– Si el balón es interceptado o tocado por un jugador "defensor",
   el entrenador introducirá un nuevo móvil en el cuadrado opuesto.
– Si el esférico sale fuera de los cuadrados, el entrenador introducirá
   rápidamente otro balón hacia la zona que desee.
– El equipo que realice 5 pases obtendrá 1 punto.
Variante:
– Se puede modificar el número de pases a conseguir.
Consigna: Todos los jugadores juegan a 2 toques.
Objetivos:
- A nivel condicional: Resistencia específica II.
- A nivel técnico:
   • Ataque: el pase, el control-recepción, la pared, el regate simple.
   • Defensa: interceptación, entrada.
- A nivel táctico:
   • En ataque: pase al pie, pase al espacio, desmarque de apoyo
      y de ruptura, conservación del balón.
   • En defensa: pressing al jugador poseedor del balón.

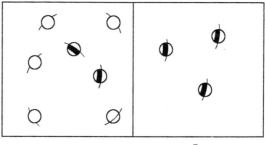

A   B

ACTIVIDAD 67

Material: 6 conos y 3 balones.
Número de jugadores: 10.
Espacio: La actividad se desarrolla en 2 cuadrados de :
– Fútbol sala: 15 x 15 m.
– Fútbol: 20 x 20 m.
Descripción de la actividad: 2 equipos de 5 jugadores se enfrentan entre sí persiguiendo el objetivo siguiente:
El equipo que obtenga la posesión del balón, sin salir de su espacio (equipo A - cuadrado A), intentará conservar el móvil con el propósito de realizar 5 pases.
Para impedirlo, 3 adversarios invadirán el cuadrado de sus oponentes con el objeto de interceptarlo.
Consideraciones:
– Los pases tienen que realizarse de forma ininterrumpida.
– Si el balón es interceptado o tocado por un jugador "defensor", el entrenador introducirá un nuevo móvil en el cuadrado opuesto.
– Si el esférico sale fuera de los cuadrados, el entrenador introducirá rápidamente otro balón hacia la zona que desee.
– El equipo que realice 5 pases obtendrá 1 punto.
Variante:
– Se puede modificar el número de pases a conseguir.
Consigna: Todos los jugadores juegan a 2 toques.
Objetivos:
- A nivel condicional: Resistencia específica II.
- A nivel técnico:
  • Ataque: el pase, el control-recepción, la pared, el regate simple.
  • Defensa: interceptación , entrada.
- A nivel táctico:
  • En ataque: pase al pie, pase al espacio, desmarque de apoyo y de ruptura, conservación del balón.
  • En defensa: pressing al jugador poseedor del balón.

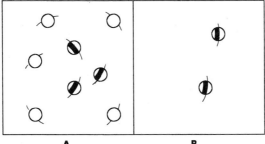

A   B

ACTIVIDAD 68

Material: 6 conos y 3 balones.
Número de jugadores: 10.
Espacio: La actividad se desarrolla en 2 cuadrados de:
– Fútbol sala: 15 x 15 m.
– Fútbol: 25 x 25 m.
Descripción de la actividad: 2 equipos de 5 jugadores se enfrentan
entre sí persiguiendo el objetivo siguiente:
El equipo que obtenga la posesión del balón, sin salir de su espacio
(equipo A - cuadrado A), intentará conservar el móvil con el propósito
de realizar 5 pases.
Para impedirlo, 4 adversarios invadirán el cuadrado de sus oponentes
con el objeto de interceptarlo.
Consideraciones:
– Los pases tienen que realizarse de forma ininterrumpida.
– Si el balón es interceptado o tocado por un jugador "defensor",
  el entrenador introducirá un nuevo móvil en el cuadrado opuesto.
– Si el esférico sale fuera de los cuadrados, el entrenador introducirá
  rápidamente otro balón hacia la zona que desee.
– El equipo que realice 5 pases obtendrá 1 punto.
Variante:
– Se puede modificar el número de pases a conseguir.
Consigna: Todos los jugadores juegan a 2 toques.
Objetivos:
  - A nivel condicional: Resistencia específica II.
  - A nivel técnico:
    • Ataque: el pase, el control-recepción, la pared, el regate simple.
    • Defensa: interceptación, entrada.
  - A nivel táctico:
    • En ataque: pase al pie, pase al espacio, desmarque de apoyo
      y de ruptura, conservación del balón.
    • En defensa: pressing al jugador poseedor del balón.

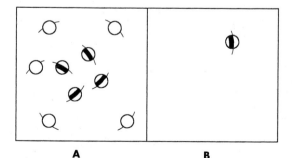

A   B

CAPÍTULO 6

ACTIVIDADES CON TRIPLES CUADRADOS

ACTIVIDAD 69

Material: 8 conos y 4 balones.
Número de jugadores: 9; 3 equipos de 3 jugadores.
Espacio: La actividad se desarrolla en 3 cuadrados de:
– Fútbol sala: 10 x 10 m.
– Fútbol: 15 x 15 m.
Descripción de la actividad: 2 equipos se enfrentan entre sí con el
objetivo de conservar el balón.
Para ello, el equipo que tiene la posesión del esférico tiene que, sin
salir de su espacio, realizar 5 pases. Para impedirlo 2 adversarios de
un mismo equipo intentan interceptar el móvil. Si los objetivos
propuestos son conseguidos sucederá lo siguiente:
– El entrenador introducirá rápidamente otro balón hacia la zona
del equipo que no estaba participando.
– 2 jugadores del equipo que poseía el balón correrán rápidamente
hacia ese cuadrado con el propósito de interceptar el móvil.
Consideraciones:
– Los pases tienen que realizarse de forma ininterrumpida.
– El equipo que realice 5 pases obtendrá 1 punto.
– El entrenador introducirá siempre un nuevo balón hacia el cuadrado
del equipo que no participe.
Variante:
– Se puede modificar el número de pases a conseguir.
Consigna: Todos los jugadores juegan a 2 toques.
Objetivos:
- A nivel condicional: Resistencia específica II.
- A nivel técnico: el pase, el control-recepción, la pared, el regate
simple.
- A nivel táctico:
• En ataque: pase al pie, pase al espacio, desmarque de apoyo
y de ruptura, control del juego.
• En defensa: Interceptación, anticipación, entrada, pressing
al jugador poseedor del balón.

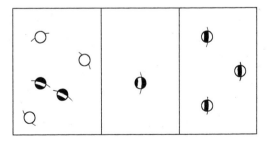

ACTIVIDAD 70

Material: 8 conos y 4 balones.
Número de jugadores: 10; 3 equipos de 3 jugadores y 1 comodín.
Espacio: La actividad se desarrolla en 3 cuadrados de:
– Fútbol sala: 10 x 10 m de lado.
– Fútbol: 15 x 15 m de lado.
Descripción de la actividad: 2 equipos se enfrentan entre sí con el objetivo de conservar el balón.
Para ello, el equipo que tiene la posesión del esférico tiene que, sin salir de su espacio, realizar 5 pases. Para impedirlo 2 adversarios de un mismo equipo intentan interceptar el móvil. Si los objetivos propuestos son conseguidos sucederá lo siguiente:
– El entrenador introducirá rápidamente otro balón hacia la zona del equipo que no estaba participando.
– 2 jugadores del equipo que poseía el balón correrán rápidamente hacia ese cuadrado con el propósito de interceptar el móvil.
Consideraciones:
– Los pases tienen que realizarse de forma ininterrumpida.
– El equipo que realice 5 pases obtendrá 1 punto.
– El entrenador introducirá siempre un nuevo balón hacia el cuadrado del equipo que no participe.
– El comodín siempre participará con el equipo poseedor del móvil, desplazándose hacia uno y otro cuadrado.
Variante:
– Se puede modificar el número de pases a conseguir.
Consigna: Todos los jugadores juegan a 2 toques.
Objetivos:
- A nivel condicional: Resistencia específica II.
- A nivel técnico:
  • Ataque: el pase, el control-recepción, la pared, el regate simple.
  • Defensa: interceptación, entrada.
- A nivel táctico:
  • En ataque: pase al pie, pase al espacio, desmarque de apoyo y de ruptura, conservación del balón.
  • En defensa: pressing al jugador poseedor del balón.

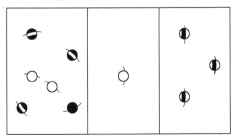

ACTIVIDAD 71

Material: 8 conos y 4 balones.
Número de jugadores: 11; 3 equipos de 3 jugadores y 2 comodines.
Espacio: La actividad se desarrolla en 3 cuadrados de:
– Fútbol sala: 10 x 10 m de lado.
– Fútbol: 15 x 15 m de lado.
Descripción de la actividad: 2 equipos se enfrentan entre sí con el objetivo de conservar el balón.
Para ello, el equipo que tiene la posesión del esférico tiene que, sin salir de su espacio, realizar 5 pases. Para impedirlo 3 adversarios de un mismo equipo intentan interceptar el móvil. Si los objetivos propuestos son conseguidos sucederá lo siguiente:
– El entrenador introducirá rápidamente otro balón hacia la zona del equipo que no estaba participando.
– El equipo que poseía el balón correrá rápidamente hacia ese cuadrado con el propósito de interceptar el móvil.
Consideraciones:
– Los pases tienen que realizarse de forma ininterrumpida.
– El equipo que realice 5 pases obtendrá 1 punto.
– El entrenador introducirá siempre un nuevo balón hacia el cuadrado del equipo que no participe.
– Los comodines siempre participarán con el equipo poseedor del móvil, desplazándose hacia uno y otro cuadrado.
Variante:
– Se puede modificar el número de pases a conseguir.
Consigna: Todos los jugadores juegan a 2 toques.
Objetivos:
- A nivel condicional: Resistencia específica II.
- A nivel técnico:
  • Ataque: el pase, el control-recepción, la pared, el regate simple.
  • Defensa: interceptación, entrada.
- A nivel táctico:
  • En ataque: pase al pie, pase al espacio, desmarque de apoyo y de ruptura, conservación del balón
  • En defensa: pressing al jugador poseedor del balón.

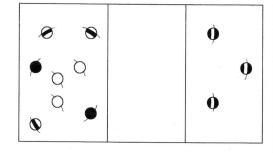

ACTIVIDAD 72

Material: 8 conos y 4 balones.
Número de jugadores: 11; 3 equipos de 3 jugadores y 1 comodín.
Espacio: La actividad se desarrolla en 3 cuadrados de:
– Fútbol sala: 10 x 10 m de lado.
– Fútbol: 15 x 15 m de lado.
Descripción de la actividad: 2 equipos se enfrentan entre sí con el objetivo de conservar el balón.
Para ello, el equipo que tiene la posesión del esférico tiene que, sin salir de su espacio, realizar 5 pases. Para impedirlo 2 adversarios de un mismo equipo intentan interceptar el móvil. Si los objetivos propuestos son conseguidos sucederá lo siguiente:
– El entrenador introducirá rápidamente otro balón hacia la zona del equipo que no estaba participando.
– El equipo que poseía el balón correrá rápidamente hacia ese cuadrado con el propósito de interceptar el móvil.
Consideraciones:
– Los pases tienen que realizarse de forma ininterrumpida.
– El equipo que realice 5 pases obtendrá 1 punto.
– El entrenador introducirá siempre un nuevo balón hacia el cuadrado del equipo que no participe.
– El comodín siempre participará con el equipo poseedor del móvil, desplazándose por el exterior.
Variante:
– Se puede modificar el número de pases a conseguir.
Consigna: Los jugadores juegan a 2 toques y el comodín a 1.
Objetivos:
- A nivel condicional: Resistencia específica II.
- A nivel técnico:
  • Ataque: el pase, el control-recepción, la pared, el regate simple.
  • Defensa: interceptación, entrada
- A nivel táctico:
  • En ataque: pase
    al pie, pase
    al espacio,
    desmarque de
    apoyo y de
    ruptura,
    conservación
    del balón.
  • En defensa:
    pressing al jugador
    poseedor del balón.

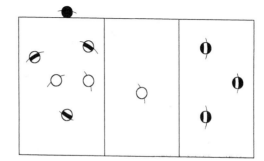

ACTIVIDAD 73

Material: 8 conos y 4 balones.
Número de jugadores: 11; 3 equipos de 3 jugadores y 1 comodín.
Espacio: La actividad se desarrolla en 3 cuadrados de:
– Fútbol sala: 12 x 12 m de lado.
– Fútbol: 20 x 20 m de lado.
Descripción de la actividad: 2 equipos se enfrentan entre sí con el objetivo de conservar el balón.
Para ello, el equipo que tiene la posesión del esférico tiene que, sin salir de su espacio, realizar 5 pases. Para impedirlo 3 adversarios de un mismo equipo intentan interceptar el móvil. Si los objetivos propuestos son conseguidos sucederá lo siguiente:
– El entrenador introducirá rápidamente otro balón hacia la zona del equipo que no estaba participando.
– El equipo que poseía el balón correrá rápidamente hacia ese cuadrado con el propósito de interceptar el móvil.
Consideraciones:
– Los pases tienen que realizarse de forma ininterrumpida.
– El equipo que realice 5 pases obtendrá 1 punto.
– El entrenador introducirá siempre un nuevo balón hacia el cuadrado del equipo que no participe.
– El comodín siempre participará con el equipo poseedor del móvil, desplazándose por el exterior.
Variante:
– Se puede modificar el número de pases a conseguir.
Consigna: Todos los jugadores juegan a 2 toques.
Objetivos:
- A nivel condicional: Resistencia específica II.
- A nivel técnico:
  • Ataque: el pase, el control-recepción, la pared, el regate simple.
  • Defensa: interceptación, entrada.
- A nivel táctico:
  • En ataque: pase
  al pie, pase
  al espacio,
  desmarque de
  apoyo y de ruptura,
  conservación
  del balón.
  • En defensa:
  pressing al
  jugador poseedor
  del balón.

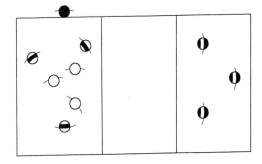

ACTIVIDAD 74

Material: 8 conos y 4 balones.
Número de jugadores: 12; 3 equipos de 4 jugadores.
Espacio: La actividad se desarrolla en 3 cuadrados de:
– Fútbol sala: 10 x 10 m de lado.
– Fútbol: 15 x 15 m de lado.
Descripción de la actividad: 2 equipos se enfrentan entre sí con el
objetivo de conservar el balón.
Para ello, el equipo que tiene la posesión del esférico tiene que, sin
salir de su espacio, realizar 5 pases. Para impedirlo 2 adversarios de
un mismo equipo intentan interceptar el móvil. Si los objetivos
propuestos son conseguidos sucederá lo siguiente:
– El entrenador introducirá rápidamente otro balón hacia la zona
del equipo que no estaba participando.
– El equipo que poseía el balón correrá rápidamente hacia ese
cuadrado con el propósito de interceptar el móvil.
Consideraciones:
– Los pases tienen que realizarse de forma ininterrumpida.
– El equipo que realice 5 pases obtendrá 1 punto.
– El entrenador introducirá siempre un nuevo balón hacia el cuadrado
del equipo que no participe.
Variante:
– Se puede modificar el número de pases a conseguir.
Consigna: Los jugadores juegan a 2 toques.
Objetivos:
 - A nivel condicional: Resistencia específica II.
 - A nivel técnico:
  • Ataque: el pase, el control-recepción, la pared, el regate simple.
  • Defensa: interceptación, entrada.
 - A nivel táctico:
  • En ataque: pase al pie, pase al espacio, desmarque de apoyo
y de ruptura, conservación del balón.
  • En defensa: pressing al jugador poseedor del balón.

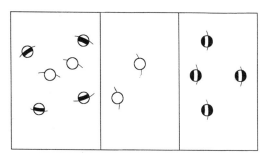

ACTIVIDAD 75

Material: 8 conos y 4 balones.
Número de jugadores: 12; 3 equipos de 4 jugadores.
Espacio: La actividad se desarrolla en 3 cuadrados de:
– Fútbol sala: 12 x 12 m de lado.
– Fútbol: 20 x 20 m de lado.
Descripción de la actividad: 2 equipos se enfrentan entre sí con el objetivo de conservar el balón.
Para ello, el equipo que tiene la posesión del esférico tiene que, sin salir de su espacio, realizar 5 pases. Para impedirlo 3 adversarios de un mismo equipo intentan interceptar el móvil. Si los objetivos propuestos son conseguidos sucederá lo siguiente:
– El entrenador introducirá rápidamente otro balón hacia la zona del equipo que no estaba participando.
– El equipo que poseía el balón correrá rápidamente hacia ese cuadrado con el propósito de interceptar el móvil.
Consideraciones:
– Los pases tienen que realizarse de forma ininterrumpida.
– El equipo que realice 5 pases obtendrá 1 punto.
– El entrenador introducirá siempre un nuevo balón hacia el cuadrado del equipo que no participe.
Variante:
– Se puede modificar el número de pases a conseguir.
Consigna: Los jugadores juegan a 2 toques.
Objetivos:
- A nivel condicional: Resistencia específica II.
- A nivel técnico:
  • Ataque: el pase, el control-recepción, la pared, el regate simple.
  • Defensa: interceptación, entrada.
- A nivel táctico:
  • En ataque: pase al pie, pase al espacio, desmarque de apoyo y de ruptura, conservación del balón.
  • En defensa: pressing al jugador poseedor del balón.

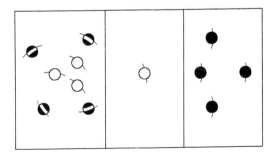

ACTIVIDAD 76

Material: 8 conos y 4 balones.
Número de jugadores: 13; 3 equipos de 4 jugadores y 1 comodín.
Espacio: La actividad se desarrolla en 3 cuadrados de:
– Fútbol sala: 10 x 10 m de lado.
– Fútbol: 15 x 15 m de lado.
Descripción de la actividad: 2 equipos se enfrentan entre sí con el objetivo de conservar el balón.
Para ello, el equipo que tiene la posesión del esférico tiene que, sin salir de su espacio, realizar 5 pases. Para impedirlo 2 adversarios de un mismo equipo intentan interceptar el móvil. Si los objetivos propuestos son conseguidos sucederá lo siguiente:
– El entrenador introducirá rápidamente otro balón hacia la zona del equipo que no estaba participando.
– El equipo que poseía el balón correrá rápidamente hacia ese cuadrado con el propósito de interceptar el móvil.
Consideraciones:
– Los pases tienen que realizarse de forma ininterrumpida.
– El equipo que realice 5 pases obtendrá 1 punto.
– El entrenador introducirá siempre un nuevo balón hacia el cuadrado del equipo que no participe.
– El comodín siempre participará con el equipo poseedor del móvil, desplazándose hacia uno y otro cuadrado.
Variante:
– Se puede modificar el número de pases a conseguir.
Consigna: Todos los jugadores juegan a 2 toques.
Objetivos:
 - A nivel condicional: Resistencia específica II.
 - A nivel técnico:
   • Ataque: el pase, el control-recepción, la pared, el regate simple.
   • Defensa: interceptación, entrada.
 - A nivel táctico:
   • En ataque: pase al pie, pase al espacio, desmarque de apoyo y de ruptura, conservación del balón
   • En defensa: pressing al poseedor del balón.

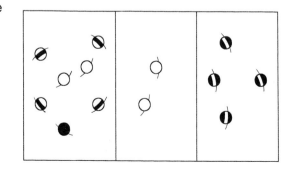

ACTIVIDAD 77

Material: 8 conos y 4 balones.
Número de jugadores: 13; 3 equipos de 4 jugadores y 1 comodín.
Espacio: La actividad se desarrolla en 3 cuadrados de:
– Fútbol sala: 12 x 12 m de lado.
– Fútbol: 20 x 20 m de lado.
Descripción de la actividad: 2 equipos se enfrentan entre sí con el objetivo de conservar el balón.
Para ello, el equipo que tiene la posesión del esférico tiene que, sin salir de su espacio, realizar 5 pases. Para impedirlo 3 adversarios de un mismo equipo intentan interceptar el móvil. Si los objetivos propuestos son conseguidos sucederá lo siguiente:
– El entrenador introducirá rápidamente otro balón hacia la zona del equipo que no estaba participando.
– El equipo que poseía el balón correrá rápidamente hacia ese cuadrado con el propósito de interceptar el móvil.
Consideraciones:
– Los pases tienen que realizarse de forma ininterrumpida.
– El equipo que realice 5 pases obtendrá 1 punto.
– El entrenador introducirá siempre un nuevo balón hacia el cuadrado del equipo que no participe.
– El comodín siempre participará con el equipo poseedor del móvil, desplazándose hacia uno y otro cuadrado.
Variante:
– Se puede modificar el número de pases a conseguir.
Consigna: Todos los jugadores juegan a 2 toques.
Objetivos:
- A nivel condicional: Resistencia específica II.
- A nivel técnico:
  • Ataque: el pase, el control-recepción, la pared, el regate simple.
  • Defensa: interceptación, entrada.
- A nivel táctico:
  • En ataque: pase al pie, pase al espacio, desmarque de apoyo y de ruptura, control del juego.
  • En defensa: pressing al jugador poseedor del balón.

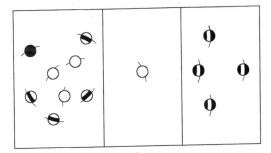

ACTIVIDAD 78

Material: 8 conos y 4 balones.
Número de jugadores: 13; 3 equipos de 4 jugadores y 1 comodín.
Espacio: La actividad se desarrolla en 3 cuadrados de:
– Fútbol sala: 10 x 10 m de lado.
– Fútbol: 15 x 15 m de lado.
Descripción de la actividad: 2 equipos se enfrentan entre sí con el objetivo de conservar el balón.
Para ello, el equipo que tiene la posesión del esférico tiene que, sin salir de su espacio, realizar 5 pases. Para impedirlo 2 adversarios de un mismo equipo intentan interceptar el móvil. Si los objetivos propuestos son conseguidos sucederá lo siguiente:
– El entrenador introducirá rápidamente otro balón hacia la zona del equipo que no estaba participando.
– El equipo que poseía el balón correrá rápidamente hacia ese cuadrado con el propósito de interceptar el móvil.
Consideraciones:
– Los pases tienen que realizarse de forma ininterrumpida.
– El equipo que realice 5 pases obtendrá 1 punto.
– El entrenador introducirá siempre un nuevo balón hacia el cuadrado del equipo que no participe.
– El comodín siempre participará con el equipo poseedor del móvil, desplazándose por el exterior.
Variante:
– Se puede modificar el número de pases a conseguir.
Consigna: Todos los jugadores juegan a 2 toques.
Objetivos:
- A nivel condicional: Resistencia específica II.
- A nivel técnico:
  • Ataque: el pase, el control-recepción, la pared, el regate simple.
  • Defensa: interceptación, entrada
- A nivel táctico:
  • En ataque: pase al pie, pase al espacio, desmarque de apoyo y de ruptura, conservación del balón.
  • En defensa: pressing al jugador poseedor del balón.

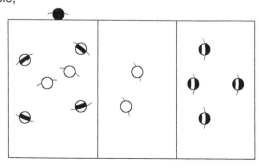

ACTIVIDAD 79

Material: 8 conos y 4 balones.
Número de jugadores: 13; 3 equipos de 4 jugadores y 1 comodín.
Espacio: La actividad se desarrolla en 3 cuadrados de:
– Fútbol sala: 15 x 15 m de lado.
– Fútbol: 20 x 20 m de lado.
Descripción de la actividad: 2 equipos se enfrentan entre sí con el objetivo de conservar el balón.
Para ello, el equipo que tiene la posesión del esférico tiene que, sin salir de su espacio, realizar 5 pases. Para impedirlo 3 adversarios de un mismo equipo intentan interceptar el móvil. Si los objetivos propuestos son conseguidos sucederá lo siguiente:
– El entrenador introducirá rápidamente otro balón hacia la zona del equipo que no estaba participando.
– El equipo que poseía el balón correrá rápidamente hacia ese cuadrado con el propósito de interceptar el móvil.
Consideraciones:
– Los pases tienen que realizarse de forma ininterrumpida.
– El equipo que realice 5 pases obtendrá 1 punto.
– El entrenador introducirá siempre un nuevo balón hacia el cuadrado del equipo que no participe.
– El comodín siempre participará con el equipo poseedor del móvil, desplazándose por el exterior.
Variante:
– Se puede modificar el número de pases a conseguir.
Consigna: Todos los jugadores juegan a 2 toques.
Objetivos:
- A nivel condicional: Resistencia específica II.
- A nivel técnico:
  • Ataque: el pase, el control-recepción, la pared, el regate simple.
  • Defensa: interceptación, entrada.
- A nivel táctico:
  • En ataque: el pase al pie, el pase al espacio, el desmarque de apoyo y de ruptura, juego en amplitud, conservación del balón.
  • En defensa: pressing al jugador poseedor del balón.

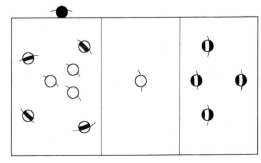

ACTIVIDAD 80

Material: 8 conos y 4 balones.
Número de jugadores: 13; 3 equipos de 4 jugadores y 1 comodín.
Espacio: La actividad se desarrolla en 3 cuadrados de:
- Fútbol sala: 15 x 15 m de lado.
- Fútbol: 25 x 25 m de lado.
Descripción de la actividad: 2 equipos se enfrentan entre sí con el objetivo de conservar el balón.
Para ello, el equipo que tiene la posesión del esférico tiene que, sin salir de su espacio, realizar 5 pases. Para impedirlo los 4 adversarios intentan interceptar el móvil. Si los objetivos propuestos son conseguidos sucederá lo siguiente:
- El entrenador introducirá rápidamente otro balón hacia la zona del equipo que no estaba participando.
- El equipo que poseía el balón correrá rápidamente hacia ese cuadrado con el propósito de interceptar el móvil.
Consideraciones:
- Los pases tienen que realizarse de forma ininterrumpida.
- El equipo que realice 5 pases obtendrá 1 punto.
- El entrenador introducirá siempre un nuevo balón hacia el cuadrado del equipo que no participe.
- El comodín siempre participará con el equipo poseedor del móvil, desplazándose por el exterior.
Variante:
- Se puede modificar el número de pases a conseguir.
Consigna: Todos los jugadores juegan a 2 toques.
Objetivos:
- A nivel condicional: Resistencia específica II.
- A nivel técnico:
  • Ataque: el pase, el control-recepción, la pared, el regate simple.
  • Defensa: interceptación, entrada.
- A nivel táctico:
  • En ataque: pase al pie, pase al espacio, desmarque de apoyo y de ruptura, conservación del balón.
  • En defensa: pressing al jugador poseedor del balón.

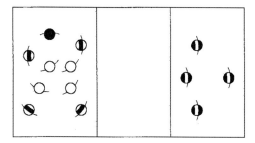

ACTIVIDAD 81

Material: 8 conos y 4 balones.
Número de jugadores: 14; 3 equipos de 4 jugadores y 2 comodines.
Espacio: La actividad se desarrolla en 3 cuadrados de:
– Fútbol sala: 15 x 15 m de lado.
– Fútbol: 20 x 20 m de lado.
Descripción de la actividad: 2 equipos se enfrentan entre sí con el objetivo de conservar el balón.
Para ello, el equipo que tiene la posesión del esférico tiene que, sin salir de su espacio, realizar 5 pases. Para impedirlo 3 adversarios de un mismo equipo intentan interceptar el móvil. Si los objetivos propuestos son conseguidos sucederá lo siguiente:
– El entrenador introducirá rápidamente otro balón hacia la zona del equipo que no estaba participando.
– El equipo que poseía el balón correrá rápidamente hacia ese cuadrado con el propósito de interceptar el móvil.
Consideraciones:
– Los pases tienen que realizarse de forma ininterrumpida.
– El equipo que realice 5 pases obtendrá 1 punto.
– El entrenador introducirá siempre un nuevo balón hacia el cuadrado del equipo que no participe.
– Los comodines participarán con el equipo poseedor del móvil, situándose uno en el interior y otro en el exterior de los cuadrados.
Variante:
– Se puede modificar el número de pases a conseguir.
Consigna: Todos los jugadores juegan a 2 toques.
Objetivos:
- A nivel condicional: Resistencia específica II.
- A nivel técnico:
  • Ataque: el pase, el control-recepción, la pared, el regate simple.
  • Defensa: interceptación, entrada
- A nivel táctico:
  • En ataque: pase al pie, pase al espacio, desmarque de apoyo y de ruptura, conservación del balón.
  • En defensa: pressing al jugador poseedor del balón.

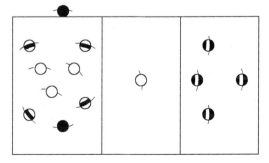

ACTIVIDAD 82

Material: 8 conos y 4 balones.
Número de jugadores: 14; 3 equipos de 4 jugadores y 2 comodines.
Espacio: La actividad se desarrolla en 3 cuadrados de:
– Fútbol sala: 15 x 15 m de lado.
– Fútbol: 25 x 25 m de lado.
Descripción de la actividad: 2 equipos se enfrentan entre sí con el objetivo de conservar el balón.
Para ello, el equipo que tiene la posesión del esférico tiene que, sin salir de su espacio, realizar 5 pases. Para impedirlo los 4 adversarios intentan interceptar el móvil. Si los objetivos propuestos son conseguidos sucederá lo siguiente:
– El entrenador introducirá rápidamente otro balón hacia la zona del equipo que no estaba participando.
– El equipo que poseía el balón correrá rápidamente hacia ese cuadrado con el propósito de interceptar el móvil.
Consideraciones:
– Los pases tienen que realizarse de forma ininterrumpida.
– El equipo que realice 5 pases obtendrá 1 punto.
– El entrenador introducirá siempre un nuevo balón hacia el cuadrado del equipo que no participe.
– Los comodines participarán con el equipo poseedor del móvil, situándose uno en el interior y otro en el exterior de los cuadrados.
Variante:
– Se puede modificar el número de pases a conseguir.
Consigna: Todos los jugadores juegan a 2 toques.
Objetivos:
- A nivel condicional: Resistencia específica II.
- A nivel técnico:
  • Ataque: el pase, el control-recepción, la pared, el regate simple.
  • Defensa: interceptación, entrada.
- A nivel táctico:
  • En ataque: pase al pie, pase al espacio, desmarque de apoyo y de ruptura, conservación del balón.
  • En defensa: pressing al jugador poseedor del balón.

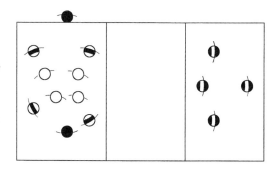

CAPÍTULO 7

ACTIVIDADES DE CONSERVACIÓN DEL BALÓN

ACTIVIDAD 83

Material: Varios conos para delimitar el espacio y 1 balón.
Número de jugadores: 5; 2 equipos de 2 jugadores y un comodín.
Espacio: Se puede realizar en diferentes espacios, en función de los
objetivos a perseguir.
Fútbol y fútbol sala: 10 x 10 m.
                              15 x 15 m.
                              20 x 20 m.
Descripción de la actividad: 2 equipos de 2 jugadores se enfrentan
entre sí. El objetivo de la actividad consiste en conservar la posesión
del balón entre los jugadores del mismo equipo sin salir nunca del
espacio señalado. Los adversarios intentan interceptar el móvil; si
lo consiguen se cambian los roles.
Aparece la figura del comodín, que jugará siempre con el equipo
que tenga el balón en su poder.
Consigna: Los jugadores juegan a toques libres y el comodín a 2.
Objetivos:
- A nivel condicional:
  • En un espacio de 10 x 10 m: resistencia específica I.
  • En un espacio de 15 x 15 m: resistencia mixta.
  • En un espacio de 20 x 20 m: resistencia específica II.
- A nivel técnico:
  • Ataque: el pase, la conducción, la pared, el control-recepción,
    el regate simple y compuesto.
  • Defensa: interceptación, entrada, carga.
- A nivel táctico:
  • Ataque: desmarque de ruptura, desmarque de apoyo, creación
    de espacios, pase al pie, pase al espacio, temporización, control
    del balón y del juego.
  • Defensa: vigilancia, marcaje al hombre, presión al poseedor
    del móvil.

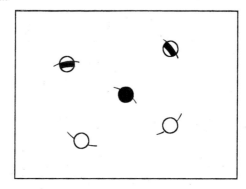

ACTIVIDAD 84

Material: Varios conos para delimitar el espacio y 1 balón.
Número de jugadores: 6; 2 equipos de 2 jugadores y 2 comodines.
Espacio: Se puede realizar en diferentes espacios, en función de los objetivos a perseguir.
– Fútbol y fútbol sala: 10 x 10 m.
15 x 15 m.
20 x 20 m.
Descripción de la actividad: 2 equipos de 2 jugadores se enfrentan entre sí. El objetivo de la actividad consiste en conservar la posesión del balón entre los jugadores del mismo equipo sin salir nunca del espacio señalado. Los adversarios intentan interceptar el móvil; si lo consiguen se cambian los roles.
Aparece la figura del comodín, que jugará siempre con el equipo que tenga el balón en su poder.
Consigna: Los jugadores juegan a 2 toques y los comodines a 1.
Objetivos:
- A nivel condicional:
• En un espacio de 10 x 10 m: resistencia específica I.
• En un espacio de 15 x 15 m: resistencia mixta.
• En un espacio de 20 x 20 m: resistencia específica II.
- A nivel técnico:
• Ataque: el pase, la pared, el control-recepción, el regate simple.
• Defensa: interceptación, entrada, carga.
- A nivel táctico:
• Ataque: desmarque de ruptura, desmarque de apoyo, pase al pie, pase al espacio, temporización, control del balón y del juego.
• Defensa: vigilancia, anticipación.

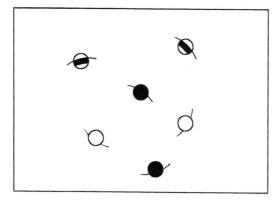

ACTIVIDAD 85

Material: Varios conos para delimitar el espacio y 1 balón.

Número de jugadores: 7; 3 equipos de 3 jugadores y 1 comodín.

Espacio: Se puede realizar en diferentes espacios, en función de los objetivos a perseguir.

– Fútbol y fútbol sala: 20 m de largo x 20 m de ancho.

Descripción de la actividad: 2 equipos de 3 jugadores se enfrentan entre sí. El objetivo de la actividad consiste en conservar la posesión del balón entre los jugadores del mismo equipo sin salir nunca del espacio señalado. Los adversarios intentan interceptar el móvil; si lo consiguen se cambian los roles.

Aparece la figura del comodín, que jugará siempre con el equipo que tenga el balón en su poder.

Consigna: Todos los jugadores juegan a 2 toques, incluido el comodín.

Objetivos:

- A nivel condicional:
  - Resistencia específica I
- A nivel técnico:
  - Ataque: el pase, la pared, el control-recepción, el regate simple.
  - Defensa: interceptación, entrada, carga.
- A nivel táctico:
  - Ataque: desmarque de ruptura, desmarque de apoyo, pase al pie, pase al espacio, temporización, control del balón y del juego.
  - Defensa: vigilancia, anticipación.

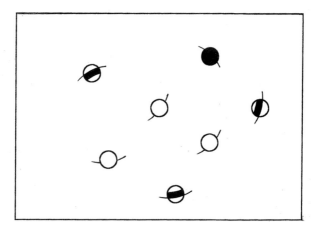

ACTIVIDAD 86

Material: Varios conos para delimitar el espacio y 1 balón.
Número de jugadores: 8; 2 equipos de 3 jugadores y 2 comodines.
Espacio: Se puede realizar en diferentes espacios, en función de los objetivos a perseguir.
– Fútbol y fútbol sala: 20 x 20 m.
                     30 x 20 m.
Descripción de la actividad: 2 equipos de 3 jugadores se enfrentan entre sí. El objetivo de la actividad consiste en conservar la posesión del balón entre los jugadores del mismo equipo sin salir nunca del espacio señalado. Los adversarios intentan interceptar el móvil; si lo consiguen se cambian los roles.
Aparece la figura del comodín, que jugará siempre con el equipo que tenga el balón en su poder.
Consigna: Los jugadores juegan a 2 toques y los comodines a 1.
Objetivos:
- A nivel condicional:
 • En un espacio de 20 x 20 m: resistencia específica I.
 • En un espacio de 20 x 20 m: resistencia mixta.
- A nivel técnico:
 • Ataque: el pase, la pared, el control-recepción, el regate simple.
 • Defensa: interceptación, entrada, carga.
- A nivel táctico:
 • Ataque: desmarque de ruptura, desmarque de apoyo, pase al pie, pase al espacio, temporización, control del balón y del juego, cambios de orientación.
 • Defensa: vigilancia, anticipación.

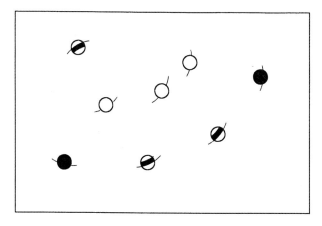

ACTIVIDAD 87

Material: Varios conos para delimitar el espacio y 1 balón.

Número de jugadores: 9; 2 equipos de 4 jugadores y 1 comodín.

Espacio: Se puede realizar en diferentes espacios, en función de los objetivos a perseguir.

– Fútbol y fútbol sala: 20 x 30 m.

40 x 20 m.

Descripción de la actividad: 2 equipos de 4 jugadores se enfrentan entre sí. El objetivo de la actividad consiste en conservar la posesión del balón entre los jugadores del mismo equipo sin salir nunca del espacio señalado. Los adversarios intentan interceptar el móvil, si lo consiguen se cambian los roles.

Aparece la figura del comodín, que jugará siempre con el equipo que tenga el balón en su poder.

Consigna: Todos los jugadores juegan a 2 toques.

Objetivos:

- A nivel condicional:

• En un espacio de 20 x 30 m: resistencia específica I.

• En un espacio de 40 x 20 m: resistencia mixta.

- A nivel técnico:

• Ataque: el pase, la pared, el control-recepción, el regate simple.

• Defensa: interceptación, entrada

- A nivel táctico:

• Ataque: desmarque de ruptura, desmarque de apoyo, pase al pie, pase al espacio, creación de espacios, temporización, control del balón y del juego, cambios de orientación.

• Defensa: vigilancia, anticipación.

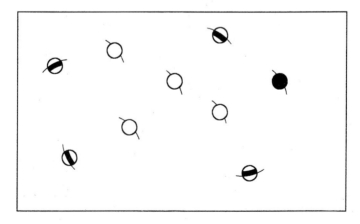

ACTIVIDAD 88

Material: Varios conos para delimitar el espacio y 1 balón.
Número de jugadores: 10; 2 equipos de 4 jugadores y 2 comodines.
Espacio: Se puede realizar en diferentes espacios, en función de los
objetivos a perseguir.
– Fútbol sala: 40 x 20 m.
– Fútbol: 40 x 40 m.
Descripción de la actividad: 2 equipos de 4 jugadores se enfrentan
entre sí. El objetivo de la actividad consiste en conservar la posesión
del balón entre los jugadores del mismo equipo sin salir nunca del
espacio señalado. Los adversarios intentan interceptar el móvil; si
lo consiguen se cambian los roles.
Aparece la figura del comodín, que jugará siempre con el equipo
que tenga el balón en su poder.
Consigna: Los jugadores juegan a 2 toques y el comodín a 1.
Objetivos:
  - A nivel condicional:
    • Fútbol sala: en un espacio de 40 x 20 m: resistencia específica II.
    • Fútbol: en un espacio de 40 x 40 m: resistencia específica II.
  - A nivel técnico:
    • Ataque: el pase, la pared, el control-recepción, el regate simple.
    • Defensa: interceptación, entrada
  - A nivel táctico:
    • Ataque: desmarque de ruptura, desmarque de apoyo, pase al pie,
      pase al espacio, creación de espacios, temporización, control del
      balón y del juego y cambios de orientación.
    • Defensa: vigilancia, anticipación.

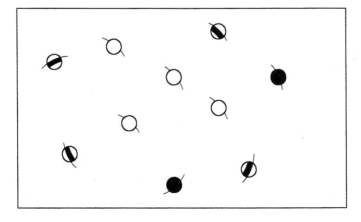

ACTIVIDAD 89

Material: Varios conos para delimitar el espacio y 1 balón.

Número de jugadores: 11; 3 equipos de 3 jugadores y 2 comodines.

Espacio: Se puede realizar en diferentes espacios, en función de los objetivos a perseguir.

– Fútbol y fútbol sala: 40 m de largo x 20 de ancho.

Descripción de la actividad: 3 equipos de 3 jugadores se enfrentan entre sí. El objetivo de la actividad consiste en conservar la posesión del balón entre los jugadores del mismo equipo, mientras los 2 equipos adversarios intentan interceptar el móvil.

Aparece la figura de los comodines, que jugarán siempre con el equipo que tenga el balón en su poder.

Consigna: Todos los jugadores juegan a 2 toques.

Objetivos:

- A nivel condicional:
  • Resistencia específica I.
- A nivel técnico:
  • Ataque: el pase, la pared, el control-recepción, el regate simple.
  • Defensa: interceptación, entrada, carga.
- A nivel táctico:
  • Ataque: desmarque de ruptura, desmarque de apoyo, pase al pie, pase al espacio, control del balón y del juego.
  • Defensa: vigilancia, anticipación.

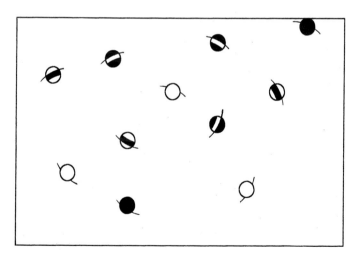

ACTIVIDAD 90

Material: Varios conos para delimitar el espacio y 1 balón.
Número de jugadores: 7; 2 equipos de 3 jugadores y 1 comodín.
Espacio: Se puede realizar en diferentes espacios, en función de los objetivos a perseguir.
– Fútbol y fútbol sala: 30 m de largo x 20 de ancho.
Descripción de la actividad: 3 equipos de 2 jugadores se enfrentan entre sí. El objetivo de la actividad consiste en conservar la posesión del balón entre los jugadores del mismo equipo, mientras los 2 equipos adversarios intentan interceptar el móvil.
Aparece la figura del comodín, que jugará siempre con el equipo que tenga el balón en su poder.
Consigna: Todos los jugadores juegan a 2 toques.
Objetivos:
- A nivel condicional:
  • Resistencia específica I.
- A nivel técnico:
  • Ataque: el pase, la pared, el control-recepción, el regate simple.
  • Defensa: interceptación, entrada, carga.
- A nivel táctico:
  • Ataque: desmarque de ruptura, desmarque de apoyo, pase al pie, pase al espacio, control del balón y del juego.
  • Defensa: vigilancia, anticipación.

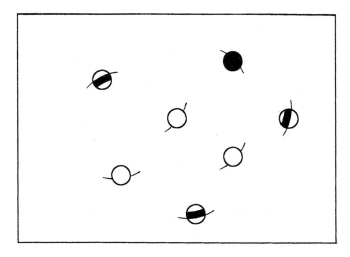

ACTIVIDAD 91

Material: Varios conos para delimitar el espacio y 1 balón.

Número de jugadores: 4; 2 equipos de 2 jugadores.

Espacio: La actividad se desarrolla en un espacio de:
- Fútbol sala: 20 x 15 m.
- Fútbol: 20 x 20 m.

Descripción de la actividad: 2 equipos de 2 jugadores se enfrentan entre sí. El objetivo de la actividad consiste en conservar la posesión del balón entre los jugadores del mismo equipo sin salir nunca del espacio señalado. Los adversarios intentan interceptar el móvil; si lo consiguen se cambian los roles.

Consigna: Los jugadores pueden realizar toques libres.

Objetivos:
- A nivel condicional:
  • Resistencia específica II.
- A nivel técnico:
  • Ataque: el pase, la pared, el control-recepción, el regate simple, la conducción.
  • Defensa: interceptación, entrada, carga.
- A nivel táctico:
  • Ataque: desmarque de ruptura, desmarque de apoyo, pase al pie, pase al espacio, temporización, control del balón y del juego.
  • Defensa: vigilancia, marcaje al hombre.

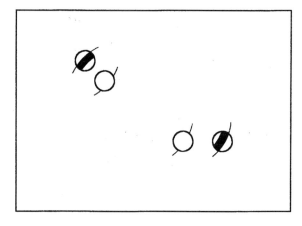

ACTIVIDAD 92

Material: Varios conos para delimitar el espacio y 1 balón.
Número de jugadores: 5; 2 equipos de 2 jugadores y 1 comodín.
Espacio: La actividad se desarrolla en un espacio de:
– Fútbol sala: 20 x 20 m.
– Fútbol: 30 x 20 m.
Descripción de la actividad: 2 equipos de 2 jugadores se enfrentan entre sí. El objetivo de la actividad consiste en conservar la posesión del balón entre los jugadores del mismo equipo sin salir nunca del espacio señalado. Los adversarios intentan interceptar el móvil; si lo consiguen se cambian los roles.
Aparece la figura del comodín, que participará siempre con el equipo poseedor del balón.
Consigna: Los jugadores pueden realizar toques libres, mientras el comodín juega a 1.
Objetivos:
- A nivel condicional:
  • Resistencia específica II.
- A nivel técnico:
  • Ataque: el pase, la pared, el control-recepción, el regate simple, la conducción.
  • Defensa: interceptación, entrada, carga.
- A nivel táctico:
  • Ataque: desmarque de ruptura, desmarque de apoyo, pase al pie, pase al espacio, temporización, control del balón y del juego.
  • Defensa: vigilancia, marcaje al hombre.

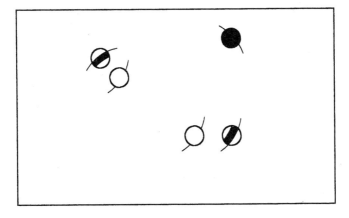

ACTIVIDAD 93

Material: Varios conos para delimitar el espacio y 1 balón.
Número de jugadores: 6; 2 equipos de 3 jugadores.
Espacio:
– Fútbol sala: 30 x 20 m.
– Fútbol: 40 x 30 m.
Descripción de la actividad: 2 equipos de 3 jugadores se enfrentan entre sí. El objetivo de la actividad consiste en conservar la posesión del balón entre los jugadores del mismo equipo sin salir nunca del espacio señalado. Los adversarios intentan interceptar el móvil; si lo consiguen se cambian los roles.
Consigna: Los jugadores pueden realizar toques libres.
Objetivos:
- A nivel condicional:
  • Resistencia específica II.
- A nivel técnico:
  • Ataque: el pase, la pared, el control-recepción, el regate simple, la conducción.
  • Defensa: interceptación, entrada, carga.
- A nivel táctico:
  • Ataque: desmarque de ruptura, desmarque de apoyo, pase al pie, pase al espacio, creación de espacios, temporización, control del balón y del juego y cambios de orientación.
  • Defensa: vigilancia, marcaje al hombre.

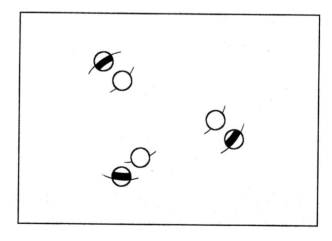

ACTIVIDAD 94

Material: Varios conos para delimitar el espacio y 1 balón.
Número de jugadores: 7; 2 equipos de 3 jugadores y 1 comodín.
Espacio:
– Fútbol sala: 30 x 20 m.
– Fútbol: 40 x 30 m.
Descripción de la actividad: 2 equipos de 3 jugadores se enfrentan
entre sí. El objetivo de la actividad consiste en conservar la posesión
del balón entre los jugadores del mismo equipo sin salir nunca del
espacio señalado. Los adversarios intentan interceptar el móvil; si
lo consiguen se cambian los roles.
Consigna: Los jugadores pueden realizar toques libres, mientras que
el comodín juega a 1.
Objetivos:
- A nivel condicional:
 • Resistencia específica II.
- A nivel técnico:
 • Ataque: el pase, la pared, el control-recepción, el regate simple,
 la conducción.
 • Defensa: interceptación, entrada, carga.
- A nivel táctico:
 • Ataque: desmarque de ruptura, desmarque de apoyo, pase al pie,
 pase al espacio, creación de espacios, cambios de orientación,
 temporización, control del balón y del juego.
 • Defensa: vigilancia, interceptación, marcaje al hombre.

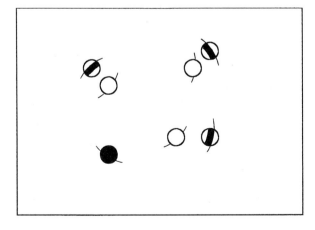

ACTIVIDAD 95

Material: Varios conos para delimitar el espacio y 1 balón.
Número de jugadores: 8; 2 equipos de 4 jugadores.
Espacio:
– Fútbol sala: 40 x 20 m.
– Fútbol: 40 x 40 m.
Descripción de la actividad: 2 equipos de 4 jugadores se enfrentan entre sí. El objetivo de la actividad consiste en conservar la posesión del balón entre los jugadores del mismo equipo sin salir nunca del espacio señalado. Los adversarios intentan interceptar el móvil; si lo consiguen se cambian los roles.
Consigna: Los jugadores pueden realizar toques libres.
Objetivos:
- A nivel condicional:
• Resistencia específica II.
- A nivel técnico: el pase, la pared, el control-recepción, el regate simple, la conducción.
- A nivel táctico:
• Ataque: desmarque de ruptura, desmarque de apoyo, pase al pie, pase al espacio, creación de espacios, temporización, control del balón y del juego, cambios de orientación.
• Defensa: entrada, carga, vigilancia, interceptación, anticipación, marcaje al hombre.

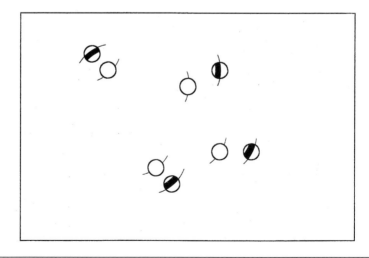

ACTIVIDAD 96

Material: Varios conos para delimitar el espacio y 1 balón.
Número de jugadores: 8; 2 equipos de 4 jugadores y 1 comodín.
Espacio:
– Fútbol sala: 40 x 20 m.
– Fútbol: 40 x 40 m.
Descripción de la actividad: 2 equipos de 4 jugadores se enfrentan entre sí. El objetivo de la actividad consiste en conservar la posesión del balón entre los jugadores del mismo equipo sin salir nunca del espacio señalado. Los adversarios intentan interceptar el móvil; si lo consiguen se cambian los roles.
Aparece la figura del comodín, que participa siempre con el equipo poseedor del balón.
Consigna: Los jugadores pueden realizar toques libres, mientras que el comodín juega a 1.
Objetivos:
- A nivel condicional:
  • Resistencia específica II.
- A nivel técnico:
  • Ataque: el pase, la pared, el control-recepción, el regate simple, la conducción.
  • Defensa: interceptación, entrada, carga.
- A nivel táctico:
  • Ataque: desmarque de ruptura, desmarque de apoyo, pase al pie, pase al espacio, creación de espacios, temporización, control del balón y del juego, cambios de orientación.
  • Defensa: vigilancia, marcaje al hombre.

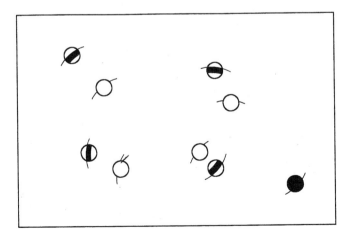

ACTIVIDAD 97

Material: Varios conos para delimitar el espacio y 1 balón.
Número de jugadores: 8; 2 equipos de 4 jugadores.
Espacio:
  – Fútbol sala: 40 x 20 m.
  – Fútbol: 40 x 40 m.
Descripción de la actividad: 2 equipos de 4 jugadores se enfrentan entre sí. El objetivo de la actividad consiste en conservar la posesión del balón entre los jugadores del mismo equipo sin salir nunca del espacio señalado. Los adversarios intentan interceptar el móvil; si lo consiguen se cambian los roles.
Consigna:
  • 2 jugadores de cada equipo realizan marcaje al hombre.
  • Todos los jugadores pueden realizar toques libres.
Objetivos:
  - A nivel condicional:
  • Resistencia específica II.
  - A nivel técnico:
  • Ataque: el pase, la pared, el control-recepción, el regate simple, la conducción.
  • Defensa: interceptación, entrada, carga.
  - A nivel táctico:
  • Ataque: desmarque de ruptura, desmarque de apoyo, pase al pie, pase al espacio, creación de espacios, temporización, control del balón y del juego, cambios de orientación.
  • Defensa: vigilancia, marcaje al hombre.

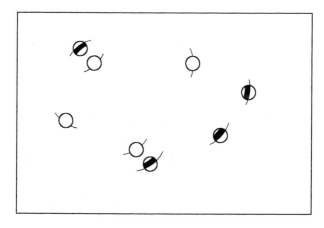

ACTIVIDAD 98

Material: Varios conos para delimitar el espacio y 1 balón.
Número de jugadores: 8; 2 equipos de 4 jugadores.
Espacio:
– Fútbol sala: 40 x 20 m.
– Fútbol: 40 x 40 m.
Descripción de la actividad: 2 equipos de 4 jugadores se enfrentan entre sí. El objetivo de la actividad consiste en conservar la posesión del balón entre los jugadores del mismo equipo sin salir nunca del espacio señalado. Los adversarios intentan interceptar el móvil; si lo consiguen se cambian los roles.
Consigna:
• Todos los jugadores realizan marcaje al hombre. Se fijan los marcajes teniendo en cuenta que 2 adversarios no se pueden marcar mutuamente.
• Todos los jugadores pueden realizar toques libres.
Objetivos:
- A nivel condicional:
• Resistencia específica II.
- A nivel técnico:
• Ataque: el pase, la pared, el control-recepción, el regate simple, la conducción.
• Defensa: interceptación, entrada, carga.
- A nivel táctico:
• Ataque: desmarque de ruptura, desmarque de apoyo, pase al pie, pase al espacio, creación de espacios, temporización, control del balón y del juego, cambios de orientación.
• Defensa: vigilancia, marcaje al hombre.

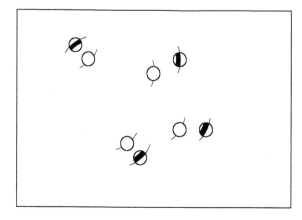

ACTIVIDAD 99

Material: Varios conos para delimitar el espacio y 1 balón.
Número de jugadores: 9; 2 equipos de 4 jugadores y 1 comodín.
Espacio:
– Fútbol sala: 40 x 20 m.
– Fútbol: 40 x 40 m.
Descripción de la actividad: 2 equipos de 4 jugadores se enfrentan entre sí. El objetivo de la actividad consiste en conservar la posesión del balón entre los jugadores del mismo equipo sin salir nunca del espacio señalado. Los adversarios intentan interceptar el móvil; si lo consiguen se cambian los roles.
Aparece la figura del comodín, que participa siempre con el equipo poseedor del balón.
Consigna:
  • Todos los jugadores realizan marcaje al hombre. Se fijan los marcajes teniendo en cuenta que 2 adversarios no se pueden marcar mutuamente.
  • Todos los jugadores pueden realizar toques libres.
  • El comodín juega a 2 toques.
Objetivos:
  - A nivel condicional:
    • Resistencia específica II.
  - A nivel técnico:
    • Ataque: el pase, la pared, el control-recepción, el regate simple, la conducción.
    • Defensa: interceptación, entrada, carga.
  - A nivel táctico:
    • Ataque: desmarque de ruptura, desmarque de apoyo, pase al pie, pase al espacio, creación de espacios, temporización, control del balón y del juego, cambios de orientación.
    • Defensa: vigilancia, marcaje al hombre.

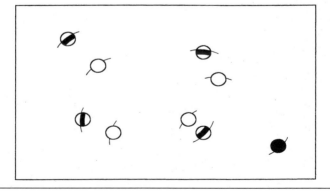

CAPÍTULO 8

ACTIVIDADES DE DEJAR EL BALÓN DETRÁS DE LA MARCA CON APLICACIÓN AL MARCAJE ZONAL

ACTIVIDAD 100

Material: Varios conos para delimitar el espacio y 1 balón.
Número de jugadores: 4; 2 equipos de 2 jugadores.
Espacio: La actividad se desarrolla en un espacio de:
– Fútbol y fútbol sala: 20 x 20 m.
Descripción de la actividad: 2 equipos formados por 2 jugadores se enfrentan entre sí. El objetivo de la actividad consiste en dejar el móvil detrás de la línea discontinua (señalizada en el dibujo).
Consigna: Los jugadores juegan a 3 toques.
Objetivos:
- A nivel condicional:
  • Resistencia específica II.
- A nivel técnico:
  • Ataque: el pase, la pared, el control-recepción, el regate simple.
  • Defensa: interceptación, entrada, carga.
- A nivel táctico:
  • Ataque: desmarque de ruptura, desmarque de apoyo, pase al pie, pase al espacio, control del balón y del juego, cambios de orientación, juego en amplitud y progresión.
  • Defensa: vigilancia, anticipación, marcaje en zona.

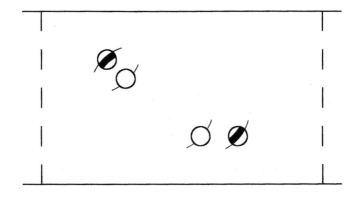

ACTIVIDAD 101

Material: Varios conos para delimitar el espacio y 1 balón.

Número de jugadores: 5; 2 equipos de 2 jugadores y 1 comodín.

Espacio: Se puede realizar en diferentes espacios, en función de los objetivos a perseguir.
- Fútbol sala: 20 x 15 m.
                20 x 20 m.
- Fútbol: 20 x 20 m.

Descripción de la actividad: 2 equipos formados por 2 jugadores se enfrentan entre sí. El objetivo de la actividad consiste en dejar el móvil detrás de la línea discontinua (señalizada en el dibujo).
Aparece la figura del comodín, que participará siempre con el equipo poseedor del móvil.

Consigna: Los jugadores juegan a toques libres y el comodín a 2.

Objetivos:
- A nivel condicional:
  - Fútbol sala: 20 x 15 m: resistencia específica I.
                 20 x 20 m: resistencia mixta.
  - Fútbol: 20 x 20 m: resistencia mixta.
- A nivel técnico:
  - Ataque: el pase, la pared, el control-recepción, el regate simple.
  - Defensa: interceptación, entrada, carga.
- A nivel táctico:
  - Ataque: desmarque de ruptura, desmarque de apoyo, pase al pie, pase al espacio, control del balón y del juego, cambios de orientación, juego en amplitud y progresión.
  - Defensa: vigilancia, anticipación, marcaje en zona.

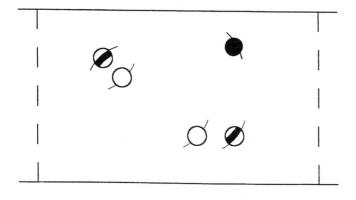

ACTIVIDAD 102

Material: Varios conos para delimitar el espacio y 1 balón.
Número de jugadores: 5; 2 equipos de 2 jugadores y 1 comodín exterior.
Espacio: Se puede realizar en diferentes espacios, en función de los objetivos a perseguir.
– Fútbol sala y fútbol: 20 x 20 m.
Descripción de la actividad: 2 equipos formados por 2 jugadores se enfrentan entre sí. El objetivo de la actividad consiste en dejar el móvil detrás de la línea discontinua (señalizada en el dibujo).
Aparece la figura del comodín, que participará siempre con el equipo poseedor del móvil.
Consideraciones:
El comodín no puede invadir el espacio donde se desarrolla el juego desplazándose por el exterior de éste. Al mismo tiempo, ningún jugador puede salir de la zona de actividad.
Consigna: Todos los jugadores juegan a 2 toques.
Objetivos:
   – A nivel condicional: 20 x 20 m: resistencia anaeróbica II.
   – A nivel técnico:
     • Ataque: el pase, la pared, el control-recepción, el regate simple.
     • Defensa: interceptación, entrada, carga.
   – A nivel táctico:
     • Ataque: desmarque de ruptura, desmarque de apoyo, pase al pie, pase al espacio, control del balón y del juego, cambios de orientación, juego en amplitud y progresión.
     • Defensa: vigilancia, anticipación, marcaje en zona.

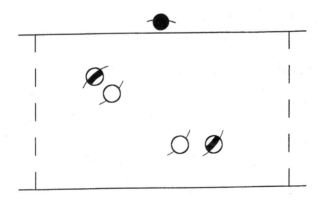

ACTIVIDAD 103

Material: Varios conos para delimitar el espacio y 1 balón.
Número de jugadores: 6; 2 equipos de 2 jugadores y 2 comodines exteriores.
Espacio: Se puede realizar en diferentes espacios, en función de los objetivos a perseguir.
– Fútbol sala: 20 x 20 m.
– Fútbol:　　30 x 20 m.
Descripción de la actividad: 2 equipos formados por 2 jugadores se enfrentan entre sí. El objetivo de la actividad consiste en dejar el móvil detrás de la línea discontinua (señalizada en el dibujo). Aparece la figura del comodín, que participará siempre con el equipo poseedor del móvil.
Consideraciones:
Los comodines no pueden invadir el espacio donde se desarrolla el juego desplazándose por el exterior de éste. Al mismo tiempo, ningún jugador puede salir de la zona de actividad.
Consigna: Los jugadores juegan a 2 toques y los comodines a 1.
Objetivos:
- A nivel condicional:
  • Fútbol sala:　20 x 20 m: resistencia anaeróbica II.
  • Fútbol:　　　30 x 20 m: resistencia anaeróbica II.
- A nivel técnico:
  • Ataque: el pase, la pared, el control-recepción, el regate simple.
  • Defensa: interceptación, entrada, carga.
- A nivel táctico:
  • Ataque: desmarque de ruptura, desmarque de apoyo, pase al pie, pase al espacio, control del balón y del juego, cambios de orientación, juego en amplitud y progresión.
  • Defensa: vigilancia, anticipación, marcaje en zona.

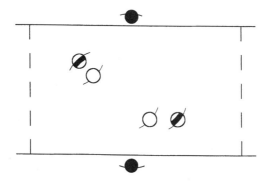

ACTIVIDAD 104

Material: Varios conos para delimitar el espacio y 1 balón.
Número de jugadores: 4; 2 equipos de 2 jugadores.
Espacio: Se puede realizar en diferentes espacios, en función de los objetivos a perseguir.
– Fútbol sala: 20 x 15 m.
               20 x 20 m.
               30 x 20 m.
– Fútbol: 20 x 20 m.
               30 x 20 m.
               40 x 25 m.
Descripción de la actividad: 2 equipos formados por 2 jugadores se enfrentan entre sí. El objetivo de la actividad consiste en dejar el móvil detrás de la línea discontinua (señalizada en el dibujo).
Consigna: Todos los jugadores juegan a 2 toques.
Objetivos:
- A nivel condicional:
  • Fútbol sala: 20 x 15 m: resistencia aeróbica.
               20 x 20 m: resistencia específica I.
               30 x 20 m: resistencia mixta.
  • Fútbol: 30 x 20 m: resistencia específica I.
               40 x 25 m: resistencia mixta.
- A nivel técnico:
  • Ataque: el pase, la pared, el control-recepción, el regate simple.
  • Defensa: interceptación, entrada, carga.
- A nivel táctico:
  • Ataque: desmarque de ruptura, desmarque de apoyo, pase al pie, pase al espacio, control del balón y del juego, cambios de orientación, juego en amplitud y progresión.
  • Defensa: vigilancia, anticipación, marcaje en zona.

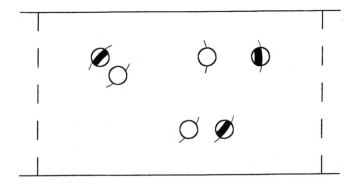

ACTIVIDAD 105

Material: Varios conos para delimitar el espacio y 1 balón.
Número de jugadores: 7; 2 equipos de 3 jugadores y 1 comodín.
Espacio: Se puede realizar en diferentes espacios, en función de los objetivos a perseguir.
– Fútbol sala y fútbol: 20 x 20 m y 30 x 20 m.
Descripción de la actividad: 2 equipos formados por 3 jugadores se enfrentan entre sí. El objetivo de la actividad consiste en dejar el móvil detrás de la línea discontinua (señalizada en el dibujo).
Aparece la figura del comodín, que participará siempre con el equipo poseedor del móvil.
Consigna: Todos los jugadores juegan a 2 toques.
Objetivos:
- A nivel condicional:
  • Fútbol sala: 20 x 20 m: resistencia específica I.
    30 x 20 m: resistencia mixta.
  • Fútbol: 20 x 20 m: resistencia aeróbica.
    30 x 20 m: resistencia específica I.
- A nivel técnico:
  • Ataque: el pase, la pared, el control-recepción, el regate simple.
  • Defensa: interceptación, entrada, carga.
- A nivel táctico:
  • Ataque: desmarque de ruptura, desmarque de apoyo, pase al pie, pase al espacio, control del balón y del juego, cambios de orientación, juego en amplitud y progresión.
  • Defensa: vigilancia, anticipación, repliegue, marcaje en zona.

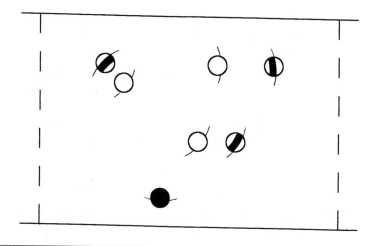

ACTIVIDAD 106

Material: Varios conos para delimitar el espacio y 1 balón.
Número de jugadores: 8; 2 equipos de 3 jugadores y 2 comodines exteriores.
Espacio: Se puede realizar en diferentes espacios, en función de los objetivos a perseguir.
  – Fútbol sala: 30 x 20 m.
  – Fútbol: 40 x 20 m.
Descripción de la actividad: 2 equipos formados por 3 jugadores se enfrentan entre sí. El objetivo de la actividad consiste en dejar el móvil detrás de la línea discontinua (señalizada en el dibujo).
Aparece la figura del comodín, que participará siempre con el equipo poseedor del móvil.
Consideraciones:
Los comodines no pueden invadir el espacio donde se desarrolla el juego desplazándose por el exterior de éste. Al mismo tiempo, ningún jugador puede salir de la zona de actividad.
Consigna: Los jugadores juegan a 2 toques y los comodines a 1.
Objetivos:
  – A nivel condicional:
    • Fútbol sala: 30 x 20 m: resistencia mixta.
    • Fútbol: 40 x 20 m: resistencia mixta.
  – A nivel técnico:
    • Ataque: el pase, la pared, el control-recepción, el regate simple.
    • Defensa: interceptación, entrada, carga.
  – A nivel táctico:
    • Ataque: desmarque de ruptura, desmarque de apoyo, pase al pie, pase al espacio, control del balón y del juego, cambios de orientación, juego en amplitud y progresión.
    • Defensa: vigilancia, anticipación, repliegue, marcaje en zona.

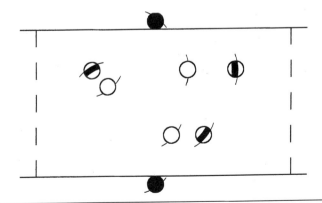

ACTIVIDAD 107

Material: Varios conos para delimitar el espacio y 1 balón.
Número de jugadores: 8; 2 equipos de 4 jugadores.
Espacio: Se puede realizar en diferentes espacios, en función de los objetivos a perseguir.
– Fútbol sala: 30 x 20 m.
               40 x 20 m.
– Fútbol: 40 x 40 m.
Descripción de la actividad: 2 equipos formados por 4 jugadores se enfrentan entre sí. El objetivo de la actividad consiste en dejar el móvil detrás de la línea discontinua (señalizada en el dibujo).
Consigna: Todos los jugadores juegan a 2 toques.
Objetivos:
  - A nivel condicional:
    • Fútbol sala: 30 x 20 m: resistencia específica I.
                  40 x 20 m: resistencia mixta.
    • Fútbol: 40 x 40 m: resistencia mixta.
  - A nivel técnico:
    • Ataque: el pase, la pared, el control-recepción, el regate simple.
    • Defensa: interceptación, entrada, carga.
  - A nivel táctico:
    • Ataque: desmarque de ruptura, desmarque de apoyo, pase al pie, pase al espacio, control del balón y del juego, cambios de orientación, juego en amplitud y progresión.
    • Defensa: vigilancia, anticipación, repliegue, marcaje en zona.

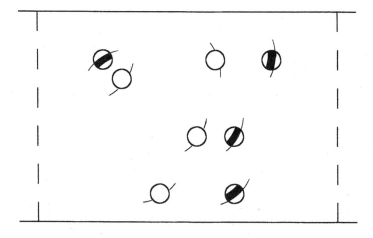

ACTIVIDAD 108

Material: Varios conos para delimitar el espacio y 1 balón.
Número de jugadores: 9; 2 equipos de 4 jugadores y 1 comodín.
Espacio: Se puede realizar en diferentes espacios, en función de los objetivos a perseguir.
  – Fútbol sala: 40 x 20 m.
  – Fútbol: 40 x 40 m.
Descripción de la actividad: 2 equipos formados por 4 jugadores se enfrentan entre sí. El objetivo de la actividad consiste en dejar el móvil detrás de la línea discontinua (señalizada en el dibujo).
Aparece la figura del comodín, que participará siempre con el equipo poseedor del móvil.
Consigna: Todos los jugadores juegan a 2 toques.
Objetivos:
  - A nivel condicional:
    • Fútbol sala: 40 x 20 m: resistencia mixta.
    • Fútbol: 40 x 40 m: resistencia mixta.
  - A nivel técnico:
    • Ataque: el pase, la pared, el control-recepción, el regate simple.
    • Defensa: interceptación, entrada, carga.
  - A nivel táctico:
    • Ataque: desmarque de ruptura, desmarque de apoyo, pase al pie, pase al espacio, control del balón y del juego, cambios de orientación, juego en amplitud y progresión.
    • Defensa: vigilancia, anticipación, repliegue, marcaje en zona.

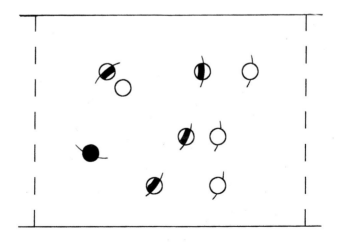

ACTIVIDAD 109

Material: Varios conos para delimitar el espacio y 1 balón.
Número de jugadores: 10; 2 equipos de 4 jugadores y 2 comodines exteriores.
Espacio: Se puede realizar en diferentes espacios, en función de los objetivos a perseguir.
– Fútbol sala: 40 x 20 m.
– Fútbol: 40 x 40 m.
Descripción de la actividad: 2 equipos formados por 4 jugadores se enfrentan entre sí. El objetivo de la actividad consiste en dejar el móvil detrás de la línea discontinua (señalizada en el dibujo).
Aparece la figura del comodín, que participará siempre con el equipo poseedor del móvil.
Consideraciones:
Los comodines no pueden invadir el espacio donde se desarrolla el juego desplazándose por el exterior de éste. Al mismo tiempo, ningún jugador puede salir de la zona de actividad.
Consigna: Los jugadores juegan a 2 toques y los comodines a 1.
Objetivos:
- A nivel condicional:
  • Fútbol sala: 40 x 20 m: resistencia mixta.
  • Fútbol: 40 x 40 m: resistencia mixta.
- A nivel técnico:
  • Ataque: el pase, la pared, el control-recepción, el regate simple.
  • Defensa: interceptación, entrada, carga.
- A nivel táctico:
  • Ataque: desmarque de ruptura, desmarque de apoyo, pase al pie, pase al espacio, control del balón y del juego, cambios de orientación, juego en amplitud y progresión.
  • Defensa: vigilancia, anticipación, repliegue, marcaje en zona.

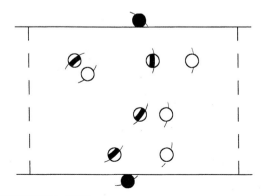

ACTIVIDAD 110

Material: 8 conos y 1 balón.
Número de jugadores: 8; 2 equipos de 4 jugadores.
Espacio: Se puede realizar en diferentes espacios, en función de los objetivos a perseguir.
– Fútbol sala: 40 x 20 m.
– Fútbol: 40 x 40 m.
Descripción de la actividad: 2 equipos formados por 4 jugadores se enfrentan entre sí. El objetivo de la actividad consiste en dejar el móvil detrás de la línea discontinua, situada entre conos (señalizada en el dibujo).
Consigna: Todos los jugadores juegan a 2 toques.
Objetivos:
  - A nivel condicional:
    • Fútbol sala: 40 x 20 m: resistencia mixta.
    • Fútbol: 40 x 40 m: resistencia mixta.
  - A nivel técnico:
    • Ataque: el pase, la pared, el control-recepción, el regate simple.
    • Defensa: interceptación, entrada, carga.
  - A nivel táctico:
    • Ataque: desmarque de ruptura, desmarque de apoyo, pase al pie, pase al espacio, control del balón y del juego, cambios de orientación, juego en amplitud y progresión.
    • Defensa: vigilancia, anticipación, repliegue, marcaje en zona.

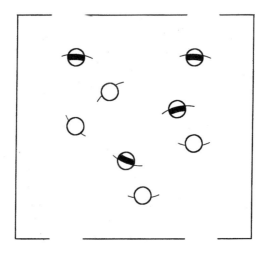

ACTIVIDAD 111

Material: 6 conos y 1 balón.
Número de jugadores: 8; 2 equipos de 4 jugadores
Espacio: Se puede realizar en diferentes espacios, en función de los
objetivos a perseguir.
  – Fútbol sala: 40 x 20 m.
  – Fútbol: 40 x 40 m.
Descripción de la actividad: 2 equipos formados por 4 jugadores se
enfrentan entre sí. El objetivo de la actividad consiste en dejar el móvil
detrás de la línea discontinua, situada entre conos (señalizada en el
dibujo).
Consigna: Todos los jugadores juegan a 2 toques.
Objetivos:
  - A nivel condicional:
    • Fútbol sala: 40 x 20 m: resistencia mixta.
    • Fútbol: 40 x 40 m: resistencia mixta.
  - A nivel técnico:
    • Ataque: el pase, la pared, el control-recepción, el regate simple.
    • Defensa: interceptación, entrada, carga.
  - A nivel táctico:
    • Ataque: desmarque de ruptura, desmarque de apoyo, pase al pie,
      pase al espacio, control del balón y del juego, cambios de
      orientación, juego en amplitud y progresión.
    • Defensa: vigilancia, anticipación, repliegue, marcaje en zona.

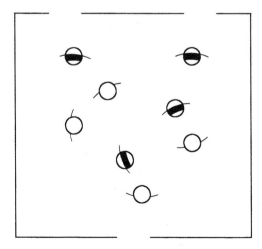

ACTIVIDAD 112

Material: 12 conos y 1 balón.
Número de jugadores: 8; 2 equipos de 4 jugadores
Espacio: Se puede realizar en diferentes espacios, en función de los
objetivos a perseguir.
– Fútbol sala: 40 x 20 m.
– Fútbol: 40 x 40 m.
Descripción de la actividad: 2 equipos formados por 4 jugadores se
enfrentan entre sí. El objetivo de la actividad consiste en dejar el móvil
detrás de la línea discontinua, situada entre conos (señalizada en el
dibujo).
Consigna: Todos los jugadores juegan a 2 toques.
Objetivos:
- A nivel condicional:
  • Fútbol sala: 40 x 20 m: resistencia específica II.
  • Fútbol: 40 x 40 m: resistencia específica II.
- A nivel técnico:
  • Ataque: el pase, la pared, el control-recepción, el regate simple.
  • Defensa: interceptación, entrada, carga.
- A nivel táctico:
  • Ataque: desmarque de ruptura, desmarque de apoyo, pase al pie,
    pase al espacio, control del balón y del juego, cambios de
    orientación, juego en amplitud y progresión.
  • Defensa: vigilancia, anticipación, repliegue, marcaje en zona.

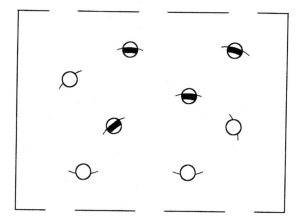

ACTIVIDAD 113

Material: 8 conos y 1 balón.
Número de jugadores: 8; 2 equipos de 4 jugadores.
Espacio: Se puede realizar en diferentes espacios, en función de los objetivos a perseguir.
– Fútbol sala: 40 x 20 m.
– Fútbol: 40 x 40 m.
Descripción de la actividad: 2 equipos formados por 4 jugadores se enfrentan entre sí. El objetivo de la actividad consiste en dejar el móvil detrás de la línea discontinua, situada entre conos (señalizada en el dibujo).
Consigna: Todos los jugadores juegan a 2 toques.
Objetivos:
- A nivel condicional:
  • Fútbol sala: 40 x 20 m: resistencia específica II.
  • Fútbol: 40 x 40 m: resistencia específica II.
- A nivel técnico:
  • Ataque: el pase, la pared, el control-recepción, el regate simple.
  • Defensa: interceptación, entrada, carga.
- A nivel táctico:
  • Ataque: desmarque de ruptura, desmarque de apoyo, pase al pie, pase al espacio, control del balón y del juego, cambios de orientación, juego en amplitud y progresión.
  • Defensa: vigilancia, anticipación, repliegue, marcaje en zona.

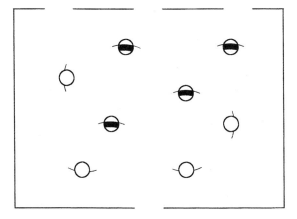

ACTIVIDAD 114

Material: 8 conos y 1 balón.
Número de jugadores: 9; 2 equipos de 4 jugadores y 1 comodín.
Espacio: Se puede realizar en diferentes espacios, en función de los objetivos a perseguir.
– Fútbol sala: 40 x 20 m.
– Fútbol: 40 x 40 m.
Descripción de la actividad: 2 equipos formados por 4 jugadores se enfrentan entre sí. El objetivo de la actividad consiste en dejar el móvil detrás de la línea discontinua, situada entre conos (señalizada en el dibujo).
Aparece la figura del comodín, que participará siempre con el equipo poseedor del móvil.
Consideraciones:
– El comodín no puede invadir el espacio donde se desarrolla el juego desplazándose por el exterior de éste. Al mismo tiempo, ningún jugador puede salir de la zona de actividad.
– Separación entre conos: 3 m.
Consigna: Todos los jugadores juegan a 2 toques.
Objetivos:
– A nivel condicional:
• Fútbol sala: 40 x 20 m: resistencia mixta.
• Fútbol: 40 x 40 m: resistencia mixta.
– A nivel técnico: el pase, la pared, el control-recepción, el regate simple.
– A nivel táctico:
• Ataque: desmarque de ruptura, desmarque de apoyo, pase al pie, pase al espacio, control del balón y del juego, cambios de orientación, juego en amplitud y progresión.
• Defensa: vigilancia, anticipación, repliegue, marcaje en zona.

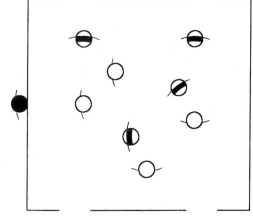

ACTIVIDAD 115

Material: 8 conos y 1 balón.
Número de jugadores: 9; 2 equipos de 4 jugadores y 2 comodines.
Espacio: Se puede realizar en diferentes espacios, en función de los objetivos a perseguir.
– Fútbol sala: 40 x 20 m.
– Fútbol: 40 x 40 m.
Descripción de la actividad: 2 equipos formados por 4 jugadores se enfrentan entre sí. El objetivo de la actividad consiste en dejar el móvil detrás de la línea discontinua, situada entre conos (señalizada en el dibujo).
Aparece la figura del comodín, que participará siempre con el equipo poseedor del móvil.
Consideraciones:
– Los comodines no pueden invadir el espacio donde se desarrolla el juego desplazándose por el exterior de éste. Al mismo tiempo, ningún jugador puede salir de la zona de actividad.
– Separación entre conos: 3 m.
Consigna: Todos los jugadores juegan a 2 toques.
Objetivos:
– A nivel condicional:
  • Fútbol sala: 40 x 20 m: resistencia mixta.
  • Fútbol: 40 x 40 m: resistencia mixta.
– A nivel técnico:
  • Ataque: el pase, la pared, el control-recepción, el regate simple.
  • Defensa: interceptación, entrada, carga.
– A nivel táctico:
  • Ataque: desmarque de ruptura, desmarque de apoyo, pase al pie, pase al espacio, control del balón y del juego, cambios de orientación, juego en amplitud y progresión.
  • Defensa: vigilancia, anticipación, repliegue, marcaje en zona.

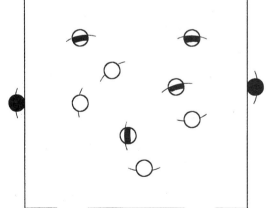

ACTIVIDAD 116

Material: 6 conos y 1 balón.
Número de jugadores: 9; 2 equipos de 4 jugadores y 1 comodín.
Espacio: Se puede realizar en diferentes espacios, en función de los
   objetivos a perseguir.
   – Fútbol sala: 40 x 20 m.
   – Fútbol: 40 x 40 m.
Descripción de la actividad: 2 equipos formados por 4 jugadores se
   enfrentan entre sí. El objetivo de la actividad consiste en dejar el móvil
   detrás de la línea discontinua, situada entre conos (señalizada en el
   dibujo).
   Aparece la figura del comodín, que participará siempre con el equipo
   poseedor del móvil.
   Consideraciones:
   – El comodín no puede invadir el espacio donde se desarrolla el juego
      desplazándose por el exterior de éste. Al mismo tiempo, ningún
      jugador puede salir de la zona de actividad.
   – Separación entre conos: 3 y 7 m.
Consigna: Todos los jugadores juegan a 2 toques.
Objetivos:
   – A nivel condicional:
      • Fútbol sala: 40 x 20 m: resistencia mixta.
      • Fútbol: 40 x 40 m: resistencia mixta.
   – A nivel técnico:
      • Ataque: el pase, la pared, el control-recepción, el regate simple.
      • Defensa: interceptación, entrada, carga.
   – A nivel táctico:
      • Ataque:
        desmarque de
        ruptura,
        desmarque de
        apoyo, pase al pie,
        pase al espacio,
        control del balón y
        del juego, cambios
        de orientación,
        juego en amplitud
        y progresión.
      • Defensa: vigilancia,
        anticipación,
        repliegue, marcaje
        en zona.

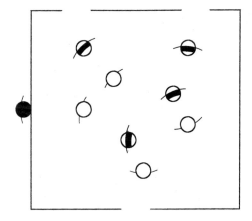

ACTIVIDAD 117

Material: 6 conos y 1 balón.
Número de jugadores: 10; 2 equipos de 4 jugadores y 2 comodines.
Espacio: Se puede realizar en diferentes espacios, en función de los objetivos a perseguir.
– Fútbol sala: 40 x 20 m.
– Fútbol: 40 x 40 m.
Descripción de la actividad: 2 equipos formados por 4 jugadores se enfrentan entre sí. El objetivo de la actividad consiste en dejar el móvil detrás de la línea discontinua, situada entre conos (señalizada en el dibujo).
Aparece la figura del comodín, que participará siempre con el equipo poseedor del móvil.
Consideraciones:
– Los comodines no pueden invadir el espacio donde se desarrolla el juego desplazándose por el exterior de éste. Al mismo tiempo, ningún jugador puede salir de la zona de actividad.
– Separación entre conos: 3 y 7 m.
Consigna: Todos los jugadores juegan a 2 toques.
Objetivos:
– A nivel condicional:
• Fútbol sala: 40 x 20 m: resistencia mixta.
• Fútbol: 40 x 40 m: resistencia mixta.
– A nivel técnico:
• Ataque: el pase, la pared, el control-recepción, el regate simple.
• Defensa: interceptación, entrada, carga.
– A nivel táctico:
• Ataque: desmarque de ruptura, desmarque de apoyo, pase al pie, pase al espacio, control del balón y del juego, cambios de orientación, juego en amplitud y progresión.
• Defensa: vigilancia, anticipación, repliegue, marcaje en zona.

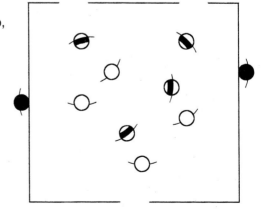

ACTIVIDAD 118

Material: 8 conos y 1 balón.

Número de jugadores: 10; 2 equipos de 4 jugadores y 2 comodines exteriores.

Espacio: Se puede realizar en diferentes espacios, en función de los objetivos a perseguir.
– Fútbol sala: 40 x 20 m.
– Fútbol: 40 x 40 m.

Descripción de la actividad: 2 equipos formados por 4 jugadores se enfrentan entre sí. El objetivo de la actividad consiste en dejar el móvil detrás de la línea discontinua, situada entre conos (señalizada en el dibujo).

Aparece la figura del comodín, que participará siempre con el equipo poseedor del móvil.

Consideraciones:
– Los comodines no pueden invadir el espacio donde se desarrolla el juego desplazándose por el exterior de éste. Al mismo tiempo, ningún jugador puede salir de la zona de actividad.
– Separación entre conos: 3 y 7 m.

Consigna: Todos los jugadores juegan a 2 toques.

Objetivos:
– A nivel condicional:
  • Fútbol sala:　40 x 20 m: resistencia específica II.
  • Fútbol:　　　40 x 40 m: resistencia específica II.
– A nivel técnico:
  • Ataque: el pase, la pared, el control-recepción, el regate simple.
  • Defensa: interceptación, entrada, carga.
– A nivel táctico:
  • Ataque: desmarque de ruptura, desmarque de apoyo, pase al pie, pase al espacio, control del balón y del juego, cambios de orientación, juego en amplitud y progresión.
  • Defensa: vigilancia, anticipación, repliegue, marcaje en zona.

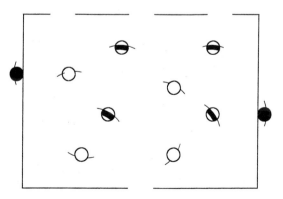

ACTIVIDAD 119

Material: 8 conos y 1 balón.
Número de jugadores: 9; 2 equipos de 4 jugadores y 1 comodín.
Espacio: Se puede realizar en diferentes espacios, en función de los objetivos a perseguir.
  – Fútbol sala: 40 x 20 m.
  – Fútbol: 40 x 40 m.
Descripción de la actividad: 2 equipos formados por 4 jugadores se enfrentan entre sí. El objetivo de la actividad consiste en dejar el móvil detrás de la línea discontinua, situada entre conos (señalizada en el dibujo).
Aparece la figura del comodín, que participará siempre con el equipo poseedor del móvil.
Consideraciones:
  – El comodín no puede invadir el espacio donde se desarrolla el juego desplazándose por el exterior de éste. Al mismo tiempo, ningún jugador puede salir de la zona de actividad.
  – Separación entre conos: 3 y 7 m.
Consigna: Todos los jugadores juegan a 2 toques.
Objetivos:
  – A nivel condicional:
  • Fútbol sala: 40 x 20 m: resistencia mixta.
  • Fútbol: 40 x 40 m: resistencia mixta.
  – A nivel técnico:
  • Ataque: el pase, la pared, el control-recepción, el regate simple.
  • Defensa: interceptación, entrada, carga.
  – A nivel táctico:
  • Ataque: desmarque de ruptura, desmarque de apoyo, pase al pie, pase al espacio, control del balón y del juego, cambios de orientación, juego en amplitud y progresión.
  • Defensa: vigilancia, anticipación, repliegue, marcaje en zona.

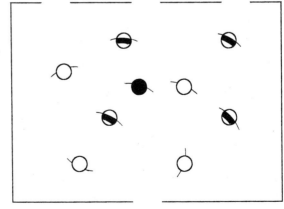

CAPÍTULO 9

ACTIVIDADES DE DEJAR EL BALÓN DETRÁS DE LA MARCA CON APLICACIÓN AL MARCAJE INDIVIDUAL

ACTIVIDAD 120

Material: 4 conos y 1 balón.
Número de jugadores: 6; 2 equipos de 3 jugadores.
Espacio: Se puede realizar en diferentes espacios, en función de los objetivos a perseguir.
– Fútbol sala: 30 x 20 m.
            40 x 20
– Fútbol: 40 x 30 m.
            40 x 40
Descripción de la actividad: 2 equipos formados por 3 jugadores se enfrentan entre sí. El objetivo de la actividad consiste en dejar el móvil detrás de la línea discontinua, situada entre conos (señalizada en el dibujo).
Consideraciones: Separación entre conos, 10 m.
Consigna:
– Todos los jugadores juegan a toques libres.
– Todos los jugadores hacen marcaje al hombre.
Objetivos:
– A nivel condicional:
  • Fútbol sala: 30 x 20 y 40 x 20 m: resistencia específica II.
  • Fútbol: 40 x 30 y 40 x 40 m: resistencia específica II.
– A nivel técnico:
  • Ataque: el pase, la pared, el control-recepción, la conducción, el regate simple y compuesto.
  • Defensa: entrada., carga, interceptación.
– A nivel táctico:
  • Ataque: desmarque de ruptura, desmarque de apoyo, pase al pie, pase al espacio, control del balón y del juego, cambios de orientación, juego en amplitud y progresión.
  • Defensa: vigilancia, anticipación, marcaje al hombre.

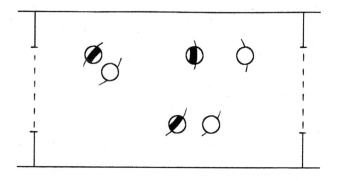

ACTIVIDAD 121

Material: 4 conos y 1 balón.
Número de jugadores: 8; 2 equipos de 4 jugadores.
Espacio: Se puede realizar en diferentes espacios, en función de los objetivos a perseguir.
  – Fútbol sala: 30 x 20 m.
                  40 x 20
  – Fútbol: 40 x 30 m.
                  40 x 40
Descripción de la actividad: 2 equipos formados por 3 jugadores se enfrentan entre sí. El objetivo de la actividad consiste en dejar el móvil detrás de la línea discontinua, situada entre conos (señalizada en el dibujo).
Consideraciones: separación entre conos 10 m.
Consigna:
  – Todos los jugadores juegan a toques libres.
  – Todos los jugadores hacen marcaje al hombre.
Objetivos:
  – A nivel condicional:
    • Fútbol sala: 30 x 20 m y 40 x 20 m: resistencia específica II.
    • Fútbol: 40 x 30 m y 40 x 40 m: resistencia específica II.
  – A nivel técnico:
    • Ataque: el pase, la pared, el control-recepción, la conducción, el regate simple y compuesto.
    • Defensa: interceptación, entrada, carga.
  – A nivel táctico:
    • Ataque: desmarque de ruptura, desmarque de apoyo, pase al pie, pase al espacio, control del balón y del juego, cambios de orientación, juego en amplitud y progresión.
    • Defensa: vigilancia, anticipación, marcaje al hombre.

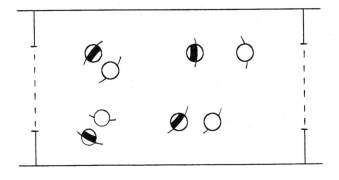

CAPÍTULO 10

ACTIVIDADES CON UNA PORTERÍA

ACTIVIDAD 122

Material: 1 portería y 1 balón.

Número de jugadores: 5; 2 equipos de 2 jugadores y 1 portero.

Espacio: La actividad se desarrolla en un espacio de 10 m de largo x 15 de ancho.

Descripción de la actividad: Un equipo de 2 jugadores y otro formado por 2 jugadores y un portero se enfrentan entre sí persiguiendo el objetivo siguiente:

– Mientras un equipo intenta introducir el balón en la portería, sus oponentes tienen que sobrepasar la línea con el balón controlado (señalada en el dibujo con línea discontinua).

– Queda prohibido el pase al portero. Si se efectúa supondrá un tanto para el equipo adversario.

Consigna: Todos los jugadores juegan a toques libres.

Objetivos:

– A nivel condicional: resistencia específica I.

– A nivel técnico:

• Ataque: el pase, la pared, el control-recepción, la conducción, el regate simple y compuesto.

• Defensa: interceptación, entrada, carga.

– A nivel táctico:

• Ataque: desmarque de ruptura, desmarque de apoyo, pase al pie, pase al espacio, juego en progresión.

• Defensa: vigilancia, anticipación, marcaje en zona, coberturas, permutas.

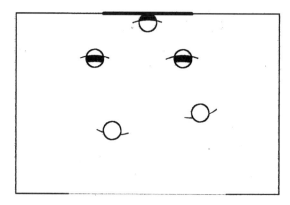

ACTIVIDAD 123

Material: 1 portería y 1 balón.
Número de jugadores: 6; 1 comodín y 2 equipos de 2 jugadores
   y 1 portero.
Espacio: La actividad se desarrolla en un espacio de 20 x 20 m.
Descripción de la actividad: Un equipo de 2 jugadores y otro formado
   por 2 jugadores y un portero se enfrentan entre sí persiguiendo
   el objetivo siguiente:
   – Mientras un equipo intenta introducir el balón en la portería, sus
     oponentes tienen que sobrepasar la línea con el balón controlado
     (señalada en el dibujo con línea discontinua).
   – El comodín participará siempre con el equipo poseedor del móvil.
   – Queda prohibido el pase al portero. Si se efectúa supondrá un tanto
     para el equipo adversario.
Consigna: Todos los jugadores juegan a 2 toques.
Objetivos:
   – A nivel condicional: resistencia mixta.
   – A nivel técnico:
     • Ataque: el pase, la pared, el control-recepción, la conducción
      y el regate simple.
     • Defensa: interceptación, entrada, carga.
   – A nivel táctico:
     • Ataque: desmarque de ruptura, desmarque de apoyo, pase al pie,
      pase al espacio, juego en progresión.
     • Defensa: vigilancia, anticipación, marcaje en zona, coberturas,
      permutas.

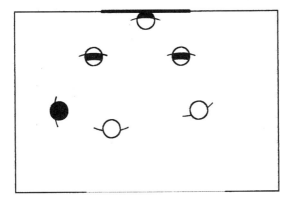

ACTIVIDAD 124

Material: 1 portería y 1 balón.

Número de jugadores: 7; 2 equipos de 3 jugadores y 1 portero.

Espacio: La actividad se desarrolla en un espacio de 30 x 20 m.

Descripción de la actividad: Un equipo de 3 jugadores y otro formado por 3 jugadores y un portero se enfrentan entre sí persiguiendo el objetivo siguiente:

– Mientras un equipo intenta introducir el balón en la portería, sus oponentes tienen que sobrepasar la línea con el balón controlado (señalada en el dibujo con línea discontinua).

– Queda prohibido el pase al portero. Si se efectúa supondrá un tanto para el equipo adversario.

Consigna: Todos los jugadores juegan a 2 toques.

Objetivos:

– A nivel condicional: resistencia mixta.

– A nivel técnico:

• Ataque: el pase, la pared, el control-recepción, el regate simple.

• Defensa: interceptación, entrada, carga.

– A nivel táctico:

• Ataque: desmarque de ruptura, desmarque de apoyo, pase al pie, pase al espacio, juego en progresión.

• Defensa: vigilancia, anticipación, marcaje en zona, coberturas, permutas.

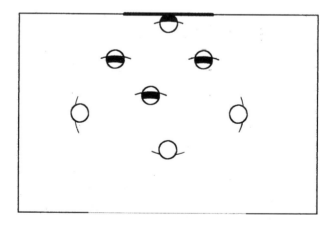

ACTIVIDAD 125

Material: 1 portería y 1 balón.
Número de jugadores: 8; 1 comodín y 2 equipos de 3 jugadores
y 1 portero.
Espacio: La actividad se desarrolla en un espacio de 30 x 20 m.
Descripción de la actividad: Un equipo de 3 jugadores y otro formado
   por 3 jugadores y un portero se enfrentan entre sí persiguiendo
   el objetivo siguiente:
   – Mientras un equipo intenta introducir el balón en la portería, sus
     oponentes tienen que sobrepasar la línea con el balón controlado
     (señalada en el dibujo con línea discontinua).
   – El comodín participará siempre con el equipo poseedor del móvil.
   – Queda prohibido el pase al portero. Si se efectúa supondrá un tanto
     para el equipo adversario.
Consigna: Todos los jugadores juegan a 2 toques.
Objetivos:
   – A nivel condicional: resistencia mixta.
   – A nivel técnico:
     • Ataque: el pase, la pared, el control-recepción y el regate simple.
     • Defensa: interceptación, entrada, carga.
   – A nivel táctico:
     • Ataque: desmarque de ruptura, desmarque de apoyo, pase al pie,
       pase al espacio, juego en progresión.
     • Defensa: vigilancia, anticipación, marcaje en zona, coberturas,
       permutas.

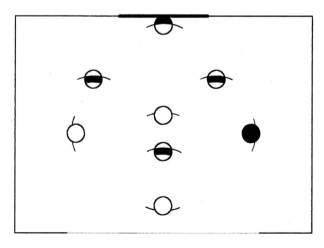

ACTIVIDAD 126

Material: 1 portería y 1 balón.

Número de jugadores: 9; 2 equipos de 4 jugadores y 1 portero.

Espacio: La actividad se desarrolla en un espacio de 40 x 20 m.

Descripción de la actividad: Un equipo de 4 jugadores y otro formado por 4 jugadores y un portero se enfrentan entre sí persiguiendo el objetivo siguiente:

- Mientras un equipo intenta introducir el balón en la portería, sus oponentes tienen que sobrepasar la línea con el balón controlado (señalada en el dibujo con línea discontinua).
- Queda prohibido el pase al portero. Si se efectúa supondrá un tanto para el equipo adversario.

Consigna: Todos los jugadores juegan a 2 toques.

Objetivos:

- A nivel condicional: resistencia específica II.
- A nivel técnico:
  - Ataque: el pase, la pared, el control-recepción, el regate simple.
  - Defensa: interceptación, entrada, carga.
- A nivel táctico:
  - Ataque: desmarque de ruptura, desmarque de apoyo, pase al pie, pase al espacio, juego en progresión.
  - Defensa: vigilancia, anticipación, marcaje en zona, coberturas, permutas.

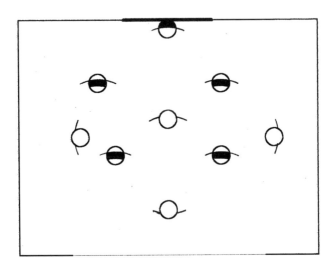

ACTIVIDAD 127

Material: 1 portería y 1 balón.
Número de jugadores: 10; 1 comodín y 2 equipos de 4 jugadores
y 1 portero.
Espacio: La actividad se desarrolla en un espacio de 40 x 20 m.
Descripción de la actividad: Un equipo de 4 jugadores y otro formado
por 4 jugadores y un portero se enfrentan entre sí persiguiendo
el objetivo siguiente:
– Mientras un equipo intenta introducir el balón en la portería, sus
oponentes tienen que sobrepasar la línea con el balón controlado
(señalada en el dibujo con línea discontinua).
– El comodín participará siempre con el equipo poseedor del móvil.
– Queda prohibido el pase al portero. Si se efectúa supondrá un tanto
para el equipo adversario.
Consigna: Todos los jugadores juegan a toques libres y el comodín a 2.
Objetivos:
– A nivel condicional: resistencia específica II.
– A nivel técnico:
• Ataque: el pase, la pared, el control-recepción y el regate simple.
• Defensa: interceptación, entrada, carga.
– A nivel táctico:
• Ataque: desmarque de ruptura, desmarque de apoyo, pase al pie,
pase al espacio, juego en progresión, cambios de orientación.
• Defensa: vigilancia, anticipación, marcaje en zona, coberturas,
repliegue.

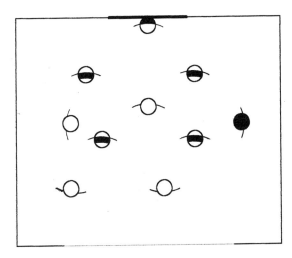

ACTIVIDAD 128

Material: 1 portería y 1 balón.
Número de jugadores: 9; 2 equipos de 4 jugadores y 1 portero.
Espacio: La actividad se desarrolla en un espacio de 40 x 20 m.
Descripción de la actividad: 2 equipos formados por 4 jugadores se enfrentan entre sí. El objetivo de la actividad consiste en introducir el móvil en la portería.
Consideraciones:
– La portería se situará en mitad del campo.
– 2 jugadores de cada equipo se ubicarán a ambos lados de la portería, no pudiendo invadir la zona opuesta.
– El gol puede ser conseguido a ambos lados de la portería.
–Queda prohibido el pase al portero. Si se efectúa supondrá un tanto para el equipo adversario.
Consigna: Todos los jugadores juegan a 3 toques.
Objetivos:
– A nivel condicional: resistencia mixta.
– A nivel técnico:
  • Ataque: el pase, la pared, el control-recepción, la conducción, el regate simple y compuesto.
  • Defensa: interceptación, entrada, carga.
– A nivel táctico:
  • Ataque: desmarque de ruptura, desmarque de apoyo, pase al pie, pase al espacio, juego en progresión.
  • Defensa: vigilancia, anticipación, marcaje al hombre.

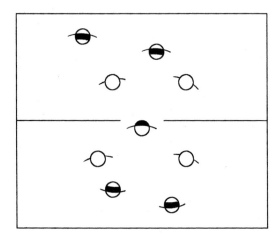

ACTIVIDAD 129

Material: 1 portería y 1 balón.
Número de jugadores: 9; 2 equipos de 4 jugadores y 1 portero.
Espacio: La actividad se desarrolla en un espacio de 40 x 20 m.
Descripción de la actividad: 2 equipos formados por 4 jugadores se enfrentan entre sí. El objetivo de la actividad consiste en introducir el móvil en la portería.
Consideraciones:
– La portería se situará en mitad del espacio.
– Los jugadores se pueden desplazar libremente por toda la superficie de juego.
– El gol puede ser conseguido a ambos lados de la portería.
– Queda prohibido el pase al portero. Si se efectúa supondrá un tanto para el equipo adversario.
Consigna: Todos los jugadores juegan a 2 toques.
Objetivos:
– A nivel condicional: resistencia específica II.
– A nivel técnico:
 • Ataque: el pase, la pared, el control-recepción, el regate simple y compuesto.
 • Defensa: interceptación, entrada, carga.
– A nivel táctico:
 • Ataque: desmarque de ruptura, desmarque de apoyo, pase al pie, pase al espacio, juego en progresión, cambios de orientación.
 • Defensa: vigilancia, anticipación, marcaje al hombre.

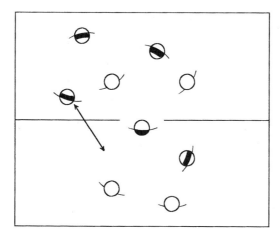

CAPÍTULO 11

ACTIVIDADES CON DOS PORTERÍAS

ACTIVIDAD 130

Material: 2 porterías y 1 balón.

Número de jugadores: 4, 2 equipos de 2 jugadores.

Espacio: Se puede realizar en diferentes espacios, en función de los objetivos a perseguir.
- Fútbol sala y fútbol: 20 x 10 m.
  20 x 15 m.
  20 x 20 m.

Descripción de la actividad: 2 equipos formados por 2 jugadores juegan un partido, intentando introducir el esférico en la portería adversaria.

Consideraciones: No hay portero.

Consigna:
- Todos los jugadores juegan a toques libres.
- La portería mide 3 m.

Objetivos:
- A nivel condicional:
  • 20 x 10 m: resistencia específica I.
  • 20 x 15 m: resistencia mixta.
  • 20 x 20 m: resistencia específica II.
- A nivel técnico:
  • Ataque: el pase, la pared, el control-recepción, la conducción, el regate simple y compuesto.
  • Defensa: interceptación, entrada, carga.
- A nivel táctico:
  • Ataque: desmarque de ruptura, desmarque de apoyo, pase al pie, pase al espacio, juego en progresión.
  • Defensa: vigilancia, anticipación, marcaje al hombre.

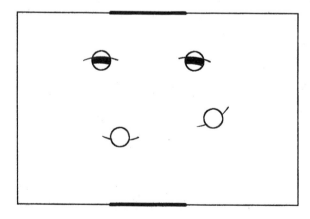

ACTIVIDAD 131

Material: 2 porterías y 1 balón.
Número de jugadores: 5; 2 equipos de 2 jugadores y 1 comodín.
Espacio: Se puede realizar en diferentes espacios, en función de los
  objetivos a perseguir.
  – Fútbol sala y fútbol: 20 x 15 m.
                       20 x 20 m.
Descripción de la actividad: 2 equipos formados por 2 jugadores
  juegan un partido, intentando introducir el esférico en la portería
  adversaria.
  Aparece la figura del comodín, que participará con el equipo
  poseedor del móvil.
  Consideraciones:
  – No hay portero.
  – La portería mide 3 m.
Consigna: Los jugadores juegan a 2 toques y el comodín a 1.
Objetivos:
  – A nivel condicional:
  • 20 x 15 m: resistencia específica I
  • 20 x 20 m: resistencia específica II.
  – A nivel técnico:
  • Ataque: el pase, la pared, el control-recepción, el regate simple.
  • Defensa: interceptación, entrada, carga.
  – A nivel táctico:
  • Ataque: desmarque de ruptura, desmarque de apoyo, pase al pie,
    pase al espacio, juego en progresión.
  • Defensa: vigilancia, anticipación, marcaje en zona, coberturas,
    permutas.

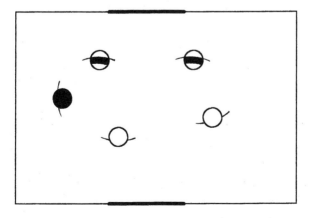

ACTIVIDAD 132

Material: 2 porterías y 1 balón.
Número de jugadores: 5; 2 equipos de 2 jugadores y 1 comodín exterior.
Espacio: Se puede realizar en diferentes espacios, en función de los objetivos a perseguir.
– Fútbol sala y fútbol: 20 x 15 m.
                        20 x 20 m.
Descripción de la actividad: 2 equipos formados por 2 jugadores juegan un partido, intentando introducir el esférico en la portería adversaria.
Aparece la figura del comodín, que participará con el equipo poseedor del móvil.
Consideraciones:
– No hay portero.
– El comodín se desplazará por el exterior del espacio delimitado.
– La portería mide 3 m.
Consigna:
– Los jugadores juegan a 2 toques y el comodín a 1.
– La portería mide 3 m.
Objetivos:
– A nivel condicional:
  • 20 x 15 m: resistencia específica I.
  • 20 x 20 m: resistencia específica II.
– A nivel técnico:
  • Ataque: el pase, la pared, el control-recepción, el regate simple.
  • Defensa: interceptación, entrada, carga.
– A nivel táctico:
  • Ataque: desmarque de ruptura, desmarque de apoyo, pase al pie, pase al espacio, juego en progresión y amplitud.
  • Defensa: vigilancia, anticipación, marcaje al hombre.

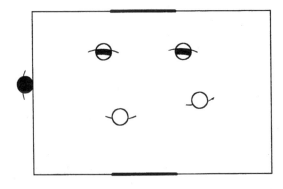

ACTIVIDAD 133

Material: 2 porterías y 1 balón.
Número de jugadores: 6; 2 equipos de 2 jugadores y 2 comodines.
Espacio: Se puede realizar en diferentes espacios, en función de los
objetivos a perseguir.
– Fútbol sala y fútbol: 20 x 15 m.
20 x 20 m.
Descripción de la actividad: 2 equipos formados por 2 jugadores
juegan un partido, intentando introducir el esférico en la portería
adversaria. Aparece la figura del comodín, que participará con el
equipo poseedor del móvil.
Consideraciones:
– No hay portero.
– Los comodines se desplazarán por el exterior del espacio
delimitado.
– La portería mide 3 m.
Consigna: Los jugadores juegan a 2 toques y los comodines a 1.
Objetivos:
– A nivel condicional:
• 20 x 15 m: resistencia mixta.
• 20 x 20 m: resistencia específica II.
– A nivel técnico:
• Ataque: el pase, la pared, el control-recepción, el regate simple.
• Defensa: interceptación, entrada, carga.
– A nivel táctico:
• Ataque: desmarque de ruptura, desmarque de apoyo, pase al pie,
pase al espacio, juego en progresión y amplitud.
• Defensa: vigilancia, anticipación, marcaje al hombre.

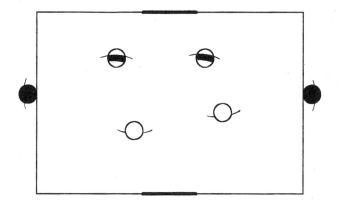

ACTIVIDAD 134

Material: 2 porterías y 1 balón.
Número de jugadores: 6; 3 equipos de 2 jugadores.
Espacio: Se puede realizar en diferentes espacios, en función de los objetivos a perseguir.
– Fútbol sala y fútbol: 15 x 15 m.
                         20 x 20 m.
Descripción de la actividad: 2 equipos formados por 2 jugadores juegan un partido, intentando introducir el esférico en la portería adversaria. Siempre habrá un equipo que no participe esperando entrar cuando se produzca el tanto. Se producirá el relevo con el equipo que encaje el gol.
Consideraciones:
– No hay portero.
– La portería mide 3 m.
Consigna: Todos los jugadores juegan a toques libres.
Objetivos:
– A nivel condicional:
 • 15 x 15 m: resistencia mixta.
 • 20 x 20 m: resistencia específica II.
– A nivel técnico:
 • Ataque: el pase, la pared, el control-recepción, la conducción, el regate simple y compuesto.
 • Defensa: interceptación, entrada, carga.
– A nivel táctico:
 • Ataque: desmarque de ruptura, desmarque de apoyo, pase al pie, juego en progresión.
 • Defensa: vigilancia, anticipación, marcaje al hombre.

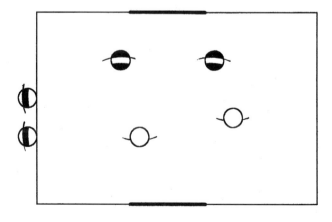

ACTIVIDAD 135

Material: 2 porterías y 1 balón.
Número de jugadores: 4; 2 equipos de 2 jugadores.
Espacio: La actividad se desarrolla en un espacio de 20 x 20 m.
Descripción de la actividad: 2 equipos formados por 2 jugadores
(uno de cada equipo como portero) juegan un partido, intentando
introducir el esférico en la portería adversaria.
Consideraciones:
– El portero juega como tal cuando su equipo está en defensa y como
jugador de campo cuando se encuentra en ataque.
– Los porteros se desplazan por todo el terreno de juego.
Consigna: Todos los jugadores juegan a toques libres.
Objetivos:
– A nivel condicional:
• 20 x 20 m: resistencia mixta.
– A nivel técnico: el pase, la pared, el control-recepción,
la conducción, el regate simple y compuesto.
– A nivel táctico:
• Ataque: desmarque de ruptura, desmarque de apoyo, pase al pie,
pase al espacio, juego en progresión.
• Defensa: entrada, carga, vigilancia, interceptación, anticipación,
marcaje mixto.

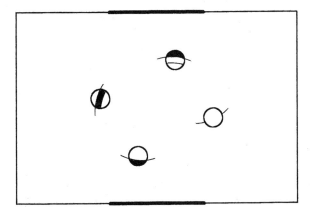

ACTIVIDAD 136

Material: 2 porterías y 1 balón.
Número de jugadores: 7, 3 equipos de 2 jugadores y 1 comodín.
Espacio: Se puede realizar en diferentes espacios, en función de los objetivos a perseguir.
– Fútbol sala y fútbol: 20 x 20 m.
Descripción de la actividad: 2 equipos formados por 2 jugadores juegan un partido, intentando introducir el esférico en la portería adversaria.
Siempre habrá un equipo que no participe esperando entrar cuando se produzca el tanto. Se producirá el relevo con el equipo que encaje el gol.
Aparece la figura del comodín, que participará siempre con el equipo poseedor del móvil.
Consideraciones:
– No hay portero.
– En defensa los jugadores jugarán en zona desplazándose por el espacio delimitado por la línea discontinua.
– La portería mide 3 m.
Consigna: Todos los jugadores juegan a toques libres y el pivote a 1.
Objetivos:
– A nivel condicional:
  • 20 x 20 m: resistencia mixta.
– A nivel técnico:
  • Ataque: el pase, la pared, el control-recepción, la conducción, el regate simple y compuesto.
  • Defensa: interceptación, entrada, carga.
– A nivel táctico:
  • Ataque: desmarque de ruptura, desmarque de apoyo, pase al pie, pase al espacio, juego en progresión.
  • Defensa: vigilancia, anticipación, marcaje en zona, coberturas y permutas.

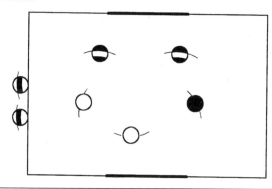

ACTIVIDAD 137

Material: 2 porterías y 1 balón.
Número de jugadores: 6; 2 equipos de 3 jugadores.
Espacio: Se puede realizar en diferentes espacios, en función de los objetivos a perseguir.
  – Fútbol sala y fútbol: 20 x 20 m.
                      30 x 20 m.
Descripción de la actividad: 2 equipos formados por 3 jugadores juegan un partido, intentando introducir el esférico en la portería adversaria.
Consideraciones:
  – No hay portero.
  – En defensa los jugadores jugarán en zona desplazándose por el espacio delimitado por la línea discontinua.
  – La portería mide 3 m.
Consigna: Todos los jugadores juegan a 2 toques.
Objetivos:
  – A nivel condicional:
    • 20 x 20 m: resistencia específica I.
    • 30 x 20 m: resistencia mixta.
  – A nivel técnico:
    • Ataque: el pase, la pared, el control-recepción, el regate.
    • Defensa: interceptación, entrada, carga.
  – A nivel táctico:
    • Ataque: desmarque de ruptura, desmarque de apoyo, pase al pie, pase al espacio, juego en progresión.
    • Defensa: vigilancia, anticipación, marcaje en zona, coberturas y permutas.

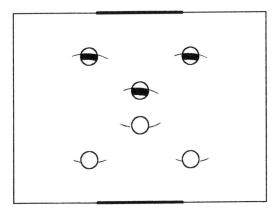

ACTIVIDAD 138

Material: 2 porterías y 1 balón.
Número de jugadores: 7; 2 equipos de 3 jugadores y 1 comodín.
Espacio: Se puede realizar en diferentes espacios, en función de los objetivos a perseguir.
 – Fútbol sala y fútbol: 20 x 20 m.
                30 x 20 m.
Descripción de la actividad: 2 equipos formados por 3 jugadores juegan un partido, intentando introducir el esférico en la portería adversaria.
Aparece la figura del comodín, que participará con el equipo poseedor del móvil.
Consideraciones:
 – No hay portero.
 – En defensa los jugadores jugarán en zona desplazándose por el espacio delimitado por la línea discontinua.
 – La portería mide 3 m.
Consigna: Todos los jugadores juegan a 2 toques.
Objetivos:
 – A nivel condicional:
   • 20 x 20 m: resistencia específica I.
   • 30 x 20 m: resistencia mixta.
 – A nivel técnico:
   • Ataque: el pase, la pared, el control-recepción, el regate simple.
   • Defensa: interceptación, entrada, carga.
 – A nivel táctico:
   • Ataque: desmarque de ruptura, desmarque de apoyo, pase al pie, pase al espacio, juego en progresión.
   • Defensa: vigilancia, anticipación, marcaje en zona, coberturas y permutas.

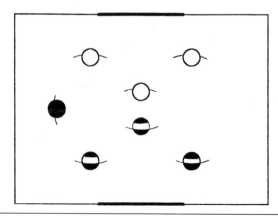

ACTIVIDAD 139

Material: 2 porterías y 1 balón.
Número de jugadores: 10; 2 equipos de 4 jugadores y 2 comodines.
Espacio: Se puede realizar en diferentes espacios, en función de los objetivos a perseguir.
– Fútbol sala y fútbol: 25 x 20 m.
                        30 x 25 m.
Descripción de la actividad: 2 equipos formados por 4 jugadores (uno de ellos como portero) juegan un partido, intentando introducir el esférico en la portería adversaria.
Aparece la figura del comodín, que participará siempre con el equipo poseedor del móvil.
Consideraciones:
– En defensa los jugadores jugarán en zona desplazándose por el espacio delimitado por la línea discontinua.
– Los comodines se desplazarán por el exterior del terreno de juego.
– Queda prohibido el pase al portero. Si se efectúa supondrá un tanto para el equipo adversario.
Consigna: Todos los jugadores juegan a 2 toques.
Objetivos:
– A nivel condicional:
• 25 x 20 m: resistencia específica I.
• 30 x 25 m: resistencia mixta.
– A nivel técnico:
• Ataque: el pase, la pared, el control-recepción, el regate simple.
• Defensa: interceptación, entrada, carga.
– A nivel táctico:
• Ataque: desmarque de ruptura, desmarque de apoyo, pase al pie, pase al espacio, juego en progresión y amplitud.
• Defensa: vigilancia, anticipación, marcaje en zona, coberturas y permutas.

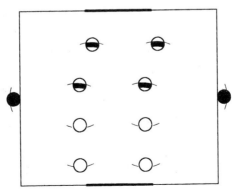

ACTIVIDAD 140

Material: 2 porterías y 1 balón.

Número de jugadores: 9; 2 equipos de 4 jugadores y 1 comodín.

Espacio: La actividad se desarrolla en un espacio de 30 x 20 m.

Descripción de la actividad: 2 equipos formados por 4 jugadores (uno de ellos como portero) juegan un partido, intentando introducir el esférico en la portería adversaria

Aparece la figura del comodín, que participará siempre con el equipo poseedor del móvil.

Consideraciones:

– En defensa los jugadores jugarán en zona desplazándose por e espacio delimitado por la línea discontinua.

– El comodín se desplazará por el exterior del terreno de juego.

– Si el comodín recibe el móvil, un defensor podrá ocupar la zona de éste para presionarle.

– Queda prohibido el pase al portero. Se si efectúa supondrá un tanto para el equipo adversario.

Consigna: Todos los jugadores juegan a 2 toques y el comodín libre.

Objetivos:

– A nivel condicional: 30 x 20 m: resistencia mixta.

– A nivel técnico:

  • Ataque: el pase, la pared, el control-recepción, el regate simple.

  • Defensa: interceptación, entrada, carga.

– A nivel táctico:

  • Ataque: desmarque de ruptura, desmarque de apoyo, pase al pie, pase al espacio, juego en progresión y amplitud.

  • Defensa: vigilancia, anticipación, marcaje mixto, coberturas, permutas, presión en bandas.

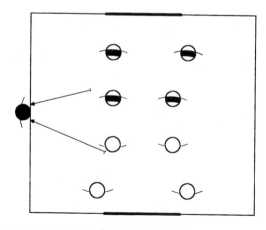

ACTIVIDAD 141

Material: 2 porterías y 1 balón.

Número de jugadores: 9; 3 equipos de 3 jugadores.

Espacio: La actividad se desarrolla en un espacio de 30 x 20 m.

Descripción de la actividad: 2 equipos formados por 3 jugadores juegan un partido, intentando introducir el esférico en la portería adversaria.

Siempre habrá un equipo que no participe esperando entrar cuando se produzca el tanto. Se producirá el relevo con el equipo que encaje el gol.

Consideraciones:

– No hay portero.

– En defensa los jugadores jugarán en zona desplazándose por el espacio delimitado por la línea discontinua.

– La portería mide 3 m.

Consigna: Todos los jugadores juegan a 2 toques.

Objetivos:

– A nivel condicional: resistencia mixta.

– A nivel técnico:

• Ataque: el pase, la pared, el control-recepción, el regate simple.

• Defensa: interceptación, entrada, carga.

– A nivel táctico:

• Ataque: desmarque de ruptura, desmarque de apoyo, pase al pie, pase al espacio, juego en progresión.

• Defensa: vigilancia, anticipación, marcaje en zona, coberturas y permutas.

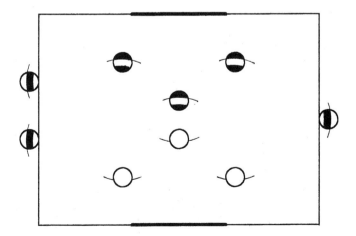

ACTIVIDAD 142

Material: 2 porterías, 1 balón y 2 cuerdas.
Número de jugadores: 6; 2 equipos de 3 jugadores.
Espacio: Se puede realizar en diferentes espacios, en función de los objetivos a perseguir.
  – Fútbol sala y fútbol: 20 x 20 m.
            30 x 20 m.
Descripción de la actividad: 2 equipos formados por 3 jugadores juegan un partido, intentando introducir el esférico en la portería adversaria, por debajo de la cuerda situada en el marco.
Consideraciones:
  – No hay portero.
  – La portería mide 3 m.
Consigna: Todos los jugadores juegan a 2 toques.
Objetivos:
  – A nivel condicional:
    • 20 x 20 m: resistencia específica I.
    • 30 x 20 m: resistencia mixta.
  – A nivel técnico:
    • Ataque: el pase, la pared, el control-recepción, el regate simple.
    • Defensa: interceptación, entrada, carga.
  – A nivel táctico:
    • Ataque: desmarque de ruptura, desmarque de apoyo, pase al pie, pase al espacio, juego en progresión.
    • Defensa: vigilancia, anticipación, marcaje en zona, coberturas y permutas.

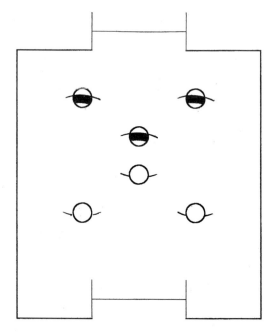

ACTIVIDAD 143

Material: 2 porterías, 1 balón y 2 cuerdas.
Número de jugadores: 6; 2 equipos de 3 jugadores.
Espacio: Se puede realizar en diferentes espacios, en función de los objetivos a perseguir.
– Fútbol sala y fútbol: 20 x 20 m.
                     30 x 20 m.
Descripción de la actividad: 2 equipos formados por 3 jugadores juegan un partido, intentando introducir el esférico en la portería adversaria, por encima de la cuerda situada en el marco.
Consideraciones:
– El tanto sólo es válido si el móvil fue golpeado con la cabeza.
– No hay portero.
– La portería mide 3 m.
Consigna: Los jugadores juegan a toques libres.
Objetivos:
– A nivel condicional:
  • 20 x 20 m: resistencia aeróbica.
  • 30 x 20 m: resistencia específica I.
– A nivel técnico:
  • Ataque: el pase, la pared, el control-recepción, la conducción, el regate simple y compuesto, la elevación y el golpeo de cabeza.
  • Defensa: interceptación, entrada, carga.
– A nivel táctico:
  • Ataque: desmarque de ruptura, desmarque de apoyo, pase al pie, pase al espacio, juego en progresión, juego aéreo.
  • Defensa: vigilancia, anticipación, marcaje en zona, coberturas y permutas.

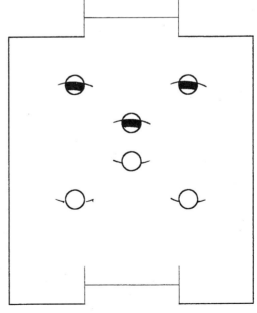

ACTIVIDAD 144

Material: 2 porterías, 1 balón y 2 cuerdas.
Número de jugadores: 6; 2 equipos de 3 jugadores.
Espacio: Se puede realizar en diferentes espacios, en función de los objetivos a perseguir.
  – Fútbol sala y fútbol: 20 x 20 m.
                         30 x 20 m.
Descripción de la actividad: 2 equipos formados por 3 jugadores juegan un partido, intentando introducir el esférico en la portería adversaria de la siguiente manera:
  – El tanto será válido si el móvil es golpeado con la pierna y pasa por debajo de la cuerda situada en el marco, o
  – si es golpeado con la cabeza y sobrepasa ésta por encima de la misma.
Consideraciones:
  – No hay portero.
  – La portería mide 3 m.
Consigna:
  – Los jugadores juegan a toques libres.
  – Para conseguir gol, el jugador sólo podrá haber realizado 1 toque.
Objetivos:
  – A nivel condicional:
    • 20 x 20 m: resistencia específica I.
    • 30 x 20 m: resistencia mixta.
  – A nivel técnico:
    • Ataque: el pase, la pared, el control-recepción, la conducción, el regate simple y compuesto, la elevación, el golpeo, el despeje.
    • Defensa: interceptación, entrada, carga.
  – A nivel táctico:
    • Ataque: desmarque de ruptura, desmarque de apoyo, pase al pie, pase al espacio, juego en progresión, juego aéreo.
    • Defensa: vigilancia, anticipación, marcaje en zona, coberturas y permutas.

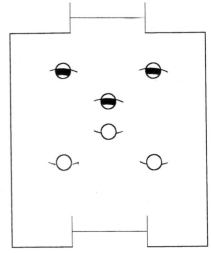

ACTIVIDAD 145

Material: 2 porterías y 1 balón.
Número de jugadores: 9; 2 equipos de 4 jugadores y 1 comodín.
Espacio: La actividad se desarrolla en un espacio de 40 m de largo x 20 de ancho.
Descripción de la actividad: 2 equipos formados por 4 jugadores juegan un partido, intentando introducir el esférico en la portería adversaria.
Aparece la figura del comodín, que participará siempre con el equipo poseedor del móvil.
Consideraciones:
– 2 jugadores de ambos equipos se ubicarán a ambos lados del terreno de juego, no pudiendo sobrepasar el espacio señalado.
– El comodín también tendrá delimitado el espacio por el cual se puede desplazar.
Consigna: Todos los jugadores juegan a toques libres y el comodín a 2.
Objetivos:
– A nivel condicional: 40 x 20 m: resistencia específica I.
– A nivel técnico: el pase, la pared, el control-recepción, la conducción, el regate simple y compuesto, el golpeo.
– A nivel táctico:
• Ataque: desmarque de ruptura, desmarque de apoyo, pase al pie, pase al espacio, juego en progresión.
• Defensa: vigilancia, anticipación, marcaje al hombre.

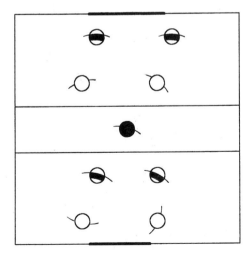

ACTIVIDAD 146

Material: 2 porterías y 1 balón.
Número de jugadores: 12; 2 equipos de 4 jugadores y 4 comodines.
Espacio: La actividad se desarrolla en un espacio de 40 m de largo x 30 de ancho.
Descripción de la actividad: 2 equipos formados por 4 jugadores (uno de ellos como portero) juegan un partido, intentando introducir el esférico en la portería adversaria.
Aparece la figura del comodín, que participará con el equipo poseedor del móvil.
Consideraciones:
– Los comodines se desplazarán por el exterior del terreno de juego. Cada comodín tendrá un espacio delimitado.
– Ningún jugador podrá invadir la zona del comodín.
– Queda prohibido el pase al portero. Si se efectúa supondrá un tanto para el equipo adversario.
Consigna: Todos los jugadores juegan a 2 toques y los comodines a 1.
Objetivos:
– A nivel condicional: 40 x 30 m: resistencia específica I.
– A nivel técnico:
  • Ataque: el pase, la pared, el control-recepción, el regate simple.
  • Defensa: interceptación, entrada, carga.
– A nivel táctico:
  • Ataque: desmarque de ruptura, desmarque de apoyo, pase al pie, pase al espacio, juego en progresión y amplitud.
  • Defensa: vigilancia, anticipación, marcaje en zona, coberturas y permutas.

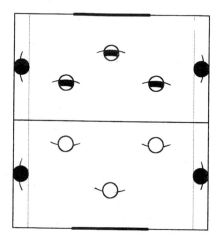

ACTIVIDAD 147

Material: 2 porterías y 1 balón.
Número de jugadores: 8; 2 equipos de 4 jugadores.
Espacio: Se puede realizar en diferentes espacios, en función de los objetivos a perseguir.
– Fútbol sala y fútbol: 30 x 20 m.
                        40 x 20 m.
Descripción de la actividad: 2 equipos formados por 4 jugadores juegan un partido, intentando introducir el esférico en la portería adversaria.
Consideraciones:
– En defensa los jugadores jugarán en zona desplazándose por el espacio delimitado por la línea discontinua.
– No existe la figura del portero.
Consigna: Todos los jugadores juegan a 2 toques.
Objetivos:
– A nivel condicional:
  • 30 x 20 m: resistencia específica I.
  • 40 x 20 m: resistencia específica II.
– A nivel técnico:
  • Ataque: el pase, la pared, el control-recepción, el regate simple.
  • Defensa: interceptación, entrada, carga.
– A nivel táctico:
  • Ataque: desmarque de ruptura, desmarque de apoyo, pase al pie, pase al espacio, juego en progresión.
  • Defensa: vigilancia, anticipación, marcaje en zona, coberturas y permutas.

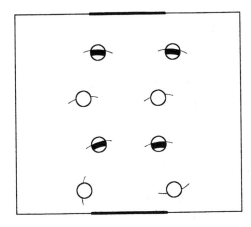

ACTIVIDAD 148

Material: 2 porterías y 1 balón.

Número de jugadores: 11; 2 equipos de 5 jugadores y 1 comodín.

Espacio: La actividad se desarrolla en un espacio de 40 x 20 m.

Descripción de la actividad: 2 equipos formados por 5 jugadores (uno de ellos como portero) juegan un partido, intentando introducir el esférico en la portería adversaria.

Aparece la figura del comodín, que participará con el equipo poseedor del móvil.

Consideraciones:

– En defensa los jugadores jugarán en zona desplazándose por el espacio delimitado por la línea discontinua.

Consigna: Todos los jugadores juegan a 2 toques.

Objetivos:

– A nivel condicional: 40 x 20 m: resistencia mixta.

– A nivel técnico:

• Ataque: el pase, la pared, el control-recepción, el regate simple.

• Defensa: interceptación, entrada, carga.

– A nivel táctico:

• Ataque: desmarque de ruptura, desmarque de apoyo, pase al pie, pase al espacio, juego en progresión.

• Defensa: vigilancia, anticipación, marcaje en zona, coberturas y permutas.

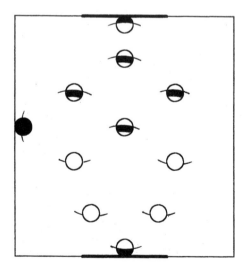

ACTIVIDAD 149

Material: 2 porterías y 1 balón.
Número de jugadores: 11; 2 equipos de 5 jugadores y 1 comodín.
Espacio: La actividad se desarrolla en un espacio de 40 x 20 m.
Descripción de la actividad: 2 equipos formados por 5 jugadores (uno de ellos como portero) juegan un partido, intentando introducir el esférico en la portería adversaria.
Aparece la figura del comodín, que participará con el equipo poseedor del móvil.
Considereraciones:
– En defensa los jugadores jugarán en zona desplazándose por el espacio delimitado por la línea discontinua.
– El comodín se desplazará por el exterior del espacio.
Consigna: Todos los jugadores juegan a 2 toques.
Objetivos:
– A nivel condicional: 40 x 20 m: resistencia específica II.
– A nivel técnico:
  • Ataque: el pase, la pared, el control-recepción, el regate simple.
  • Defensa: interceptación, entrada, carga.
– A nivel táctico:
  • Ataque: desmarque de ruptura, desmarque de apoyo, pase al pie, pase al espacio, juego en progresión y amplitud.
  • Defensa: vigilancia, anticipación, marcaje en zona, coberturas y permutas.

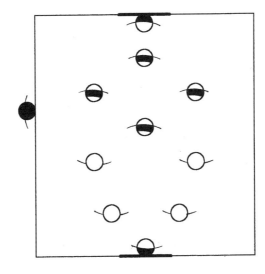

ACTIVIDAD 150

Material: 2 porterías y 1 balón.
Número de jugadores: 12; 2 equipos de 5 jugadores y 2 comodines.
Espacio: Se puede realizar en diferentes espacios, en función de los objetivos a perseguir.
– Fútbol sala y fútbol: 40 x 20 m.
40 x 40 m.
Descripción de la actividad: 2 equipos formados por 5 jugadores (uno de ellos como portero) juegan un partido, intentando introducir el esférico en la portería adversaria.
Aparece la figura del comodín,que participará siempre con el equipo poseedor del móvil.
Consideraciones:
– En defensa los jugadores jugarán en zona desplazándose por el espacio delimitado por la línea discontinua.
– Los comodines se desplazarán por el exterior del espacio.
Consigna: Todos los jugadores juegan a 2 toques.
Objetivos:
– A nivel condicional:
 • Fútbol sala: 40 x 20 m: resistencia mixta.
 • Fútbol: 40 x 40 m: resistencia específica II.
– A nivel técnico:
 • Ataque: el pase, la pared, el control-recepción, el regate simple.
 • Defensa: interceptación, entrada, carga.
– A nivel táctico:
 • Ataque: desmarque de ruptura, desmarque de apoyo, pase al pie, pase al espacio, juego en progresión y amplitud.
 • Defensa: vigilancia, anticipación, marcaje en zona, coberturas y permutas.

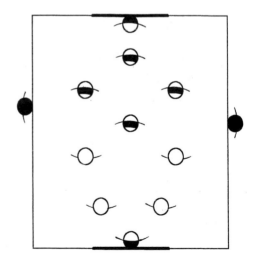

ACTIVIDAD 151

Material: 2 porterías y 1 balón.
Número de jugadores: 11; 2 equipos de 5 jugadores y 1 comodín.
Espacio: La actividad se desarrolla en un espacio de 40 x 20 m.
Descripción de la actividad: 2 equipos formados por 5 jugadores (uno de ellos como portero) juegan un partido, intentando introducir el esférico en la portería adversaria.
Aparece la figura del comodín, que participará siempre con el equipo poseedor del móvil.
Consideraciones:
– El comodín se desplazará por el exterior del terreno de juego.
– Si el comodín recibe el móvil, uno o varios defensores podrán ocupar la zona de éste para presionarle.
– Queda prohibido el pase al portero. Si se efectúa supondrá un tanto para el equipo adversario.
Consigna: Todos los jugadores juegan a 2 toques y el comodín libre.
Objetivos:
– A nivel condicional: 40 x 20 m: resistencia específica II.
– A nivel técnico:
• Ataque: el pase, la pared, el control-recepción, el regate simple.
• Defensa: interceptación, entrada, carga.
– A nivel táctico:
• Ataque: desmarque de ruptura, desmarque de apoyo, pase al pie, pase al espacio, juego en progresión y amplitud.
• Defensa: vigilancia, anticipación, marcaje mixto, coberturas, permutas, presión en bandas.

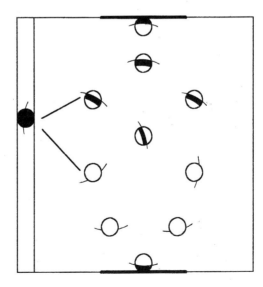

ACTIVIDAD 152

Material: 2 porterías y 1 balón.

Número de jugadores: 10; 2 equipos de 5 jugadores.

Espacio: La actividad se desarrolla en un espacio de 40 x 20 m.

Descripción de la actividad: 2 equipos formados por 5 jugadores (uno de ellos como portero) juegan un partido, intentando introducir el esférico en la portería adversaria.

Consideraciones:

– Se señalizará un carril en el terreno de juego que sólo podrá ser invadido por un jugador atacante quedando prohibida la incursión de cualquier defensor.

– No se permite el pase al portero. Si se efectúa, supondrá un tanto para el equipo adversario.

Consigna: Los jugadores juegan a toques libres, excepto en el carril, que se limita a 2.

Objetivos:

– A nivel condicional: 40 x 20 m: resistencia específica II.

– A nivel técnico:

• Ataque: el pase, la pared, el control-recepción, la conducción, el regate simple y compuesto, el golpeo.

– A nivel táctico:

• Ataque: desmarque de ruptura, desmarque de apoyo, pase al pie, pase al espacio, juego en progresión y amplitud.

• Defensa: vigilancia, anticipación, marcaje en zona, coberturas y permutas.

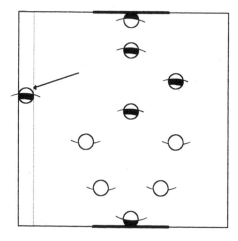

ACTIVIDAD 153

Material: 2 porterías y 1 balón.
Número de jugadores: 10; 2 equipos de 5 jugadores.
Espacio: La actividad se desarrolla en un espacio de:
– Fútbol sala y fútbol: 40 x 20 m.
– Fútbol: 40 x 40 m.
Descripción de la actividad: 2 equipos formados por 5 jugadores (uno de ellos como portero) juegan un partido, intentando introducir el esférico en la portería adversaria.
Consideraciones:
– Se señalizará, dos carriles en el terreno de juego. Cada carril sólo puede ser invadido por un equipo y cuando éste se encuentre en ataque, quedando prohibido la incursión de cualquier jugador defensor.
– A cada equipo sólo le corresponde 1 carril.
– No se permite el pase al portero. Si se efectúa, supondrá un tanto para el equipo adversario.
Consigna: Todos los jugadores juegan a 2 toques.
Objetivos:
– A nivel condicional:
  • Fútbol sala: 40 x 20 m: resistencia mixta.
  • Fútbol: 40 x 40 m: resistencia específica II.
– A nivel técnico:
  • Ataque: el pase, la pared, el control-recepción, el regate simple y el golpeo.
  • Defensa: interceptación, entrada, carga.
– A nivel táctico:
  • Ataque: desmarque de ruptura, desmarque de apoyo, pase al pie, pase al espacio, juego en progresión y amplitud.
  • Defensa: vigilancia, anticipación, marcaje en zona, coberturas y permutas.

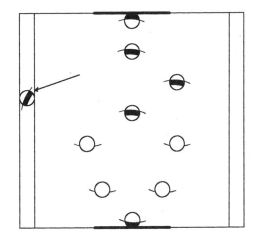

ACTIVIDAD 154

Material: 2 porterías y 1 balón.
Número de jugadores: 10; 2 equipos de 5 jugadores.
Espacio: La actividad se desarrolla en un espacio de:
– Fútbol sala: 40 x 20 m.
– Fútbol: 40 x 40 m
Descripción de la actividad: 2 equipos formados por 5 jugadores
(uno de ellos como portero) juegan un partido, intentando introducir
el esférico en la portería adversaria.
Consideraciones:
– Se señalizará dos carriles en el terreno de juego. Cada carril sólo
puede ser invadido por un equipo y cuando éste se encuentre en
ataque, quedando prohibida la incursión de cualquier jugador
defensor. Cualquiera de los 2 carriles puede ser ocupado por
el equipo atacante.
– Sólo se permite 1 atacante por carril.
– No se permite el pase al portero. Si se efectúa, supondrá un tanto
para el equipo adversario.
Consigna: Todos los jugadores juegan a 2 toques.
Objetivos:
– A nivel condicional:
• Fútbol sala: 40 x 20 m: resistencia mixta.
• Fútbol: 40 x 40 m: resistencia específica II.
– A nivel técnico:
• Ataque: el pase, la
pared, el control-
recepción, el regate
simple y el golpeo.
• Defensa:
interceptación,
entrada, carga.
– A nivel táctico:
• Ataque: desmarque
de ruptura,
desmarque de
apoyo, pase al pie,
pase al espacio,
juego en progresión
y amplitud.
• Defensa: vigilancia,
anticipación, marcaje
en zona, coberturas
y permutas.

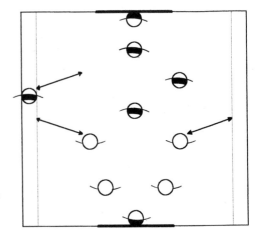

ACTIVIDAD 155

Material: 2 porterías y 1 balón.
Número de jugadores: 10; 2 equipos de 5 jugadores.
Espacio: La actividad se desarrolla en un espacio de:
– Fútbol sala: 40 x 20 m.
– Fútbol: 40 x 40 m.
Descripción de la actividad: 2 equipos formados por 5 jugadores
(uno de ellos como portero) juegan un partido, intentando introducir
el esférico en la portería adversaria.
Consideraciones:
– Se señalizarán dos carriles en el terreno de juego. Cada carril sólo
  puede ser invadido por un jugador atacante. Si recibe el balón, uno
  o varios defensores podrán penetrar en la zona para interceptarlo.
– Cualquiera de los 2 carriles puede ser ocupado por el equipo
  atacante.
– Sólo se permite 1 atacante por carril.
– No se permite el pase al portero. Si se efectúa supondrá un tanto
  para el equipo adversario.
Consigna: Los jugadores juegan a 2 toques, excepto en bandas con
toques libres.
Objetivos:
– A nivel condicional:
  • Fútbol sala: 40 x 20 m: resistencia mixta.
  • Fútbol: 40 x 40 m: resistencia específica II.
– A nivel técnico:
  • Ataque: el pase, la pared, el control-recepción, el regate simple
    y el golpeo.
  • Defensa:
    interceptación,
    entrada, carga.
– A nivel táctico:
  • Ataque: desmarque
    de ruptura,
    desmarque de
    apoyo, pase al pie,
    pase al espacio,
    juego en progresión
    y amplitud.
  • Defensa: vigilancia,
    anticipación,
    marcaje en zona,
    coberturas y
    permutas.

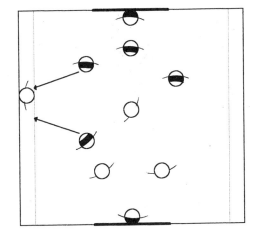

ACTIVIDAD 156

Material: 2 porterías y 1 balón.
Número de jugadores: 10; 2 equipos de 5 jugadores.
Espacio: La actividad se desarrolla en un espacio de:
– Fútbol sala: 40 x 20 m.
– Fútbol: 40 x 40 m.
Descripción de la actividad: 2 equipos formados por 2 jugadores
(uno de ellos como portero) juegan un partido, intentando introducir
el esférico en la portería adversaria.
Consideraciones:
– En defensa los jugadores se replegarán rápidamente jugando en
  zona y ocupando el espacio delimitado por la línea discontinua,
  no pudiendo salir de aquél hasta que se conviertan en atacantes.
– No se permite el pase al portero. Si se efectúa, supondrá un tanto
  para el equipo adversario.
Consigna: Todos los jugadores juegan a 2 toques.
Objetivos:
– A nivel condicional:
  • Fútbol sala: 40 x 20 m: resistencia mixta.
  • Fútbol: 40 x 40 m: resistencia específica II.
– A nivel técnico:
  • Ataque: el pase, la pared, el control-recepción, el regate simple
    y el golpeo.
  • Defensa: interceptación, entrada, carga.
– A nivel táctico:
  • Ataque:
    desmarque
    de ruptura,
    desmarque de
    apoyo, pase al
    pie, pase al
    espacio, juego
    en progresión
    y amplitud.
  • Defensa:
    vigilancia,
    anticipación,
    marcaje en
    zona,
    coberturas.

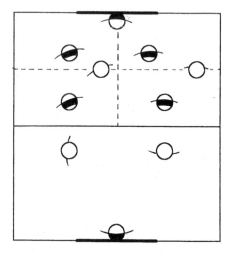

ACTIVIDAD 157

Material: 2 porterías y 1 balón.
Número de jugadores: 10; 2 equipos de 5 jugadores.
Espacio: La actividad se desarrolla en un espacio de:
– Fútbol sala: 40 x 20 m.
– Fútbol: 40 x 40 m.
Descripción de la actividad: 2 equipos formados por 5 jugadores (uno de ellos como portero) juegan un partido, intentando introducir el esférico en la portería adversaria.
Consideraciones:
– Se conseguirá gol doble si todos los atacantes consiguen pasar al campo contrario dejando algún adversario fuera de éste.
– No se permite el pase al portero. Si se efectúa, supondrá un tanto para el equipo adversario.
Consigna: Todos los jugadores juegan a 2 toques.
Objetivos:
– A nivel condicional:
  • Fútbol sala: 40 x 20 m: resistencia específica II.
  • Fútbol: 40 x 40 m: resistencia específica II.
– A nivel técnico:
  • Ataque: el pase, la pared, el control-recepción, el regate simple y el golpeo.
  • Defensa: interceptación, entrada, carga.
– A nivel táctico:
  • Ataque: desmarque de ruptura, desmarque de apoyo, pase al pie, pase al espacio, juego en progresión y amplitud.
  • Defensa: vigilancia, anticipación, marcaje en zona, repliegue, coberturas y permutas.

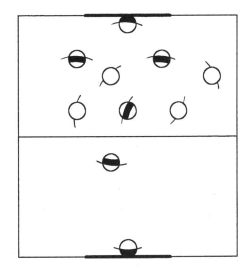

ACTIVIDAD 158

Material: 2 porterías y 1 balón.
Número de jugadores: 10; 2 equipos de 5 jugadores.
Espacio: La actividad se desarrolla en un espacio de:
– Fútbol sala: 40 x 20 m.
– Fútbol: 40 x 40 m.
Descripción de la actividad: 2 equipos formados por 5 jugadores (uno de ellos como portero) juegan un partido, intentando introducir el esférico en la portería adversaria.
Consideraciones:
– Gol sólo válido de cabeza.
– No se permite el pase al portero. Si se efectúa, supondrá un tanto para el equipo adversario.
Consigna: Todos los jugadores juegan a 2 toques.
Objetivos:
– A nivel condicional:
• Fútbol sala: 40 x 20 m: resistencia mixta.
• Fútbol: 40 x 40 m: resistencia mixta.
– A nivel técnico:
• Ataque: el pase, la pared, el control-recepción, el regate simple, y el golpeo de cabeza.
• Defensa: interceptación, entrada, carga.
– A nivel táctico:
• Ataque: desmarque de ruptura, desmarque de apoyo, pase al pie, pase al espacio, juego en progresión y aéreo.
• Defensa: vigilancia, anticipación, marcaje en zona, coberturas y permutas.

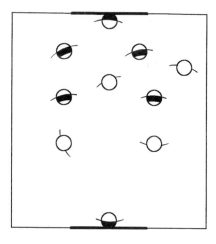

ACTIVIDAD 159

Material: 1 portería y 1 balón.
Número de jugadores: 9.
Espacio: La actividad se desarrolla en un espacio de:
– Fútbol sala: 40 x 20 m.
– Fútbol: 40 x 40 m.
Descripción de la actividad: El objetivo de la actividad consiste en introducir el balón en la portería adversaria mientras que el equipo contrario, compuesto por 4 jugadores y un portero, intenta sobrepasar la línea discontinua con el balón controlado.
Consigna: Todos los jugadores juegan a 2 toques.
Objetivos:
  – A nivel condicional:
  • Fútbol sala: 40 x 20 m: resistencia mixta.
  • Fútbol: 40 x 30 m: resistencia mixta.
  – A nivel técnico:
  • Ataque: el pase, la pared, el control-recepción, el regate simple y el golpeo.
  • Defensa: interceptación, despeje, entrada.
  – A nivel táctico:
  • Ataque: pase al pie, pase al espacio, desmarque de apoyo y de ruptura, control del juego, juego en progresión y en amplitud.
  • Defensa: anticipación, marcaje en zona.

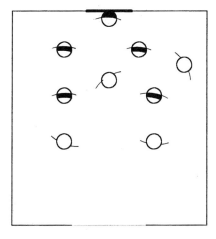

ACTIVIDAD 160

Material: 2 porterías, 4 picas y 1 balón.
Número de jugadores: 8; 2 equipos de 4 jugadores.
Espacio: La actividad se desarrolla en un espacio de:
– Fútbol sala: 40 x 20 m.
– Fútbol: 40 x 30 m.
Descripción de la actividad: 2 equipos formados por 4 jugadores juegan un partido, intentando introducir el esférico en la portería adversaria.
Consideraciones:
– El gol es doble si el balón sobrepasa la zona central de la portería.
– No existe la figura del portero.
Consigna: Los jugadores juegan a toques libres.
Objetivos:
– A nivel condicional:
  • Fútbol sala: 40 x 20 m: resistencia mixta.
  • Fútbol: 40 x 30 m: resistencia mixta.
– A nivel técnico:
  • Ataque: el pase, la pared, el control-recepción, la conducción, el regate simple y compuesto y el golpeo.
  • Defensa: interceptación, entrada, carga.
– A nivel táctico:
  • Ataque: desmarque de ruptura, desmarque de apoyo, pase al pie, pase al espacio, juego en progresión.
  • Defensa: vigilancia, anticipación, marcaje en zona, coberturas, permutas, orientarse con respecto a la bisectriz de la portería.

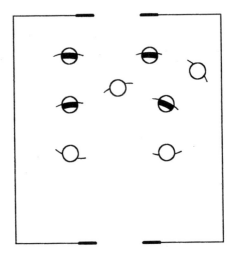

ACTIVIDAD 161

Material: 2 porterías y 1 balón.
Número de jugadores: 14; 2 equipos de 5 jugadores y 4 comodines.
Espacio: Se puede realizar en diferentes espacios, en función de los
   objetivos a perseguir.
   – Fútbol sala y fútbol: 40 x 20 m.
                          40 x 40 m.
Descripción de la actividad: 2 equipos formados por 5 jugadores (uno
   de ellos como portero) juegan un partido, intentando introducir el
   esférico en la portería adversaria.
   Aparece la figura del comodín, que participará siempre con el equipo
   poseedor del móvil.
   Consideraciones:
   – Los comodines se desplazarán por el exterior del terreno de juego
     a lo largo de la línea de meta. Los comodines se situarán a ambos
     lados de la portería, no pudiendo invadir la zona de su compañero.
   – Queda prohibido el pase al portero. Si se efectúa, supondrá un tanto
     para el equipo adversario.
Consigna: Todos los jugadores juegan a 2 toques y los comodines a 1.
Objetivos:
   – A nivel condicional:
     • Fútbol sala: 40 x 20 m: resistencia específica II.
     • Fútbol: 40 x 40 m: resistencia específica II.
   – A nivel técnico:
     • Ataque: el pase, la pared, el control-recepción, la conducción,
       el regate simple
       y el golpeo.
     • Defensa:
       interceptación,
       entrada, carga.
   – A nivel táctico:
     • Ataque: desmarque
       de ruptura,
       desmarque de
       apoyo, pase al pie,
       pase al espacio,
       juego en
       progresión.
     • Defensa: vigilancia,
       anticipación,
       marcaje en zona,
       coberturas
       y permutas.

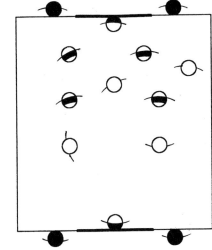

ACTIVIDAD 162

Material: 2 porterías y 1 balón.
Número de jugadores: 10; 2 equipos de 4 jugadores y 2 comodines.
Espacio: Se puede realizar en diferentes espacios, en función de los objetivos a perseguir.
   – Fútbol sala y fútbol: 30 x 20 m.
                           40 x 30 m.
Descripción de la actividad: 2 equipos formados por 4 jugadores (uno de ellos como portero) juegan un partido, intentando introducir el esférico en la portería adversaria.
Aparece la figura del comodín, que participará siempre con el equipo poseedor del móvil.
Consideraciones:
   – Los comodines se desplazarán por el exterior del terreno de juego a lo largo de la línea de meta.
   – Queda prohibido el pase al portero. Si se efectúa, supondrá un tanto para el equipo adversario.
Consigna: Todos los jugadores juegan a 2 toques y los comodines a 1.
Objetivos:
   – A nivel condicional:
     • Fútbol sala: 30 x 20 m: resistencia mixta.
     • Fútbol: 40 x 30 m: resistencia específica II.
   – A nivel técnico:
     • Ataque: el pase, la pared, el control-recepción, la conducción, el regate simple y el golpeo.
     • Defensa: interceptación, entrada, carga.
   – A nivel táctico:
     • Ataque: desmarque de ruptura, desmarque de apoyo, pase al pie, pase al espacio, juego en progresión.
     • Defensa: vigilancia, anticipación, marcaje en zona, coberturas y permutas.

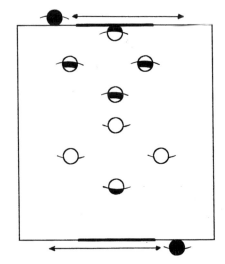

ACTIVIDAD 163

Material: 2 porterías y 1 balón.
Número de jugadores: 12; 2 equipos de 4 jugadores y 4 comodines.
Espacio: Se puede realizar en diferentes espacios, en función de los objetivos a perseguir.
– Fútbol sala y fútbol: 30 x 20 m.
40 x 30 m.
Descripción de la actividad: 2 equipos formados por 4 jugadores (uno de ellos como portero) juegan un partido, intentando introducir el esférico en la portería adversaria.
Aparece la figura del comodín, que participará siempre con el equipo poseedor del móvil.
Consideraciones:
– Los comodines se desplazarán por el exterior del terreno de juego. Cada comodín se situará a cada lado del campo desplazándose a lo largo de éste.
– Queda prohibido el pase al portero. Si se efectúa, supondrá un tanto para el equipo adversario.
Consigna: Todos los jugadores juegan a 2 toques y los comodines a 1.
Objetivos:
– A nivel condicional:
  • Fútbol sala: 30 x 20 m: resistencia específica II.
  • Fútbol: 40 x 30 m: resistencia específica II.
– A nivel técnico:
  • Ataque: el pase, la pared, el control-recepción, el regate simple y el golpeo.
  • Defensa: interceptación, entrada, carga.
– A nivel táctico:
  • Ataque: desmarque de ruptura, desmarque de apoyo, pase al pie, pase al espacio, juego en progresión y en amplitud.
  • Defensa: vigilancia, anticipación, marcaje en zona, coberturas y permutas.

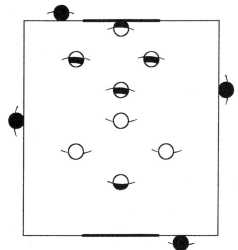

ACTIVIDAD 164

Material: 2 porterías y 1 balón.
Número de jugadores: 10; 2 equipos de 5 jugadores.
Espacio: Se puede realizar en diferentes espacios, en función de los objetivos a perseguir.
  – Fútbol sala y fútbol: 40 x 20 m.
                      40 x 40 m.
Descripción de la actividad: 2 equipos formados por 5 jugadores (uno de ellos como portero) juegan un partido, intentando introducir el esférico en la portería adversaria.
Consideraciones:
  – El campo se divide en 3 zonas. En las zonas 1 sólo se permite jugar a 1 toque, y en la zona 2 a dos toques.
  – Queda prohibido el pase al portero. Si se efectúa, supondrá un tanto para el equipo adversario.
Consigna: Los jugadores juegan a 1 o 2 toques.
Objetivos:
  – A nivel condicional:
    • Fútbol sala: 40 x 20 m: resistencia mixta.
    • Fútbol: 40 x 40 m: resistencia específica II.
  – A nivel técnico:
    • Ataque: el pase, la pared, el control-recepción, el regate simple y el golpeo.
    • Defensa: interceptación, entrada, carga.
  – A nivel táctico:
    • Ataque: desmarque de ruptura, desmarque de apoyo, pase al pie, pase al espacio, juego en progresión.
    • Defensa: vigilancia, anticipación, marcaje en zona, coberturas y permutas.

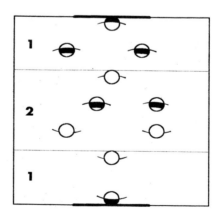

ACTIVIDAD 165

Material: 2 porterías y 1 balón.
Número de jugadores: 10; 2 equipos de 5 jugadores.
Espacio: Se puede realizar en diferentes espacios, en función de los objetivos.
– Fútbol sala y fútbol: 40 x 20 m.
40 x 40 m.
Descripción de la actividad: 2 equipos formados por 5 jugadores (uno de ellos como portero) juegan un partido, intentando introducir el esférico en la portería adversaria.
Consideraciones:
– El campo se divide en 3 zonas. En las zonas 1 sólo se permite jugar toques libres y en la zona 2 a dos toques.
– Queda prohibido el pase al portero. Si se efectúa, supondrá un tanto para el equipo adversario.
Consigna: Los jugadores juegan en función de la zona a 2 o toques libres.
Objetivos:
– A nivel condicional:
• Fútbol sala: 40 x 20 m: resistencia mixta.
• Fútbol: 40 x 40 m: resistencia mixta.
– A nivel técnico:
• Ataque: el pase, la pared, el control-recepción, el regate simple y el golpeo.
• Defensa: interceptación, entrada, carga.
– A nivel táctico:
• Ataque: desmarque de ruptura, desmarque de apoyo, pase al pie, pase al espacio, juego en progresión.
• Defensa: vigilancia, anticipación, marcaje en zona, coberturas y permutas.

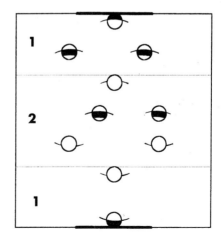

ACTIVIDAD 166

Material: 2 porterías y 1 balón.
Número de jugadores: 10; 2 equipos de 5 jugadores.
Espacio: Se puede realizar en diferentes espacios, en función de los objetivos a perseguir.
– Fútbol sala y fútbol: 40 x 20 m.
               40 x 40 m.
Descripción de la actividad: 2 equipos formados por 5 jugadores (uno de ellos como portero) juegan un partido, intentando introducir el esférico en la portería adversaria.
Consideraciones:
– Se puede conseguir gol indistintamente en cualquier portería.
Consigna: Se puede jugar con toques libres pero para conseguir gol, el jugador sólo podrá realizar un contacto.
Objetivos:
– A nivel condicional:
  • Fútbol sala: 40 x 20 m: resistencia específica II.
  • Fútbol: 40 x 40 m: resistencia específica II.
– A nivel técnico:
  • Ataque: el pase, la pared, el control-recepción, la conducción, el golpeo, el regate simple y compuesto.
  • Defensa: interceptación, entrada, carga.
– A nivel táctico:
  • Ataque: desmarque de ruptura, desmarque de apoyo, pase al pie, pase al espacio, juego en progresión.
  • Defensa: vigilancia, anticipación, marcaje mixto, coberturas y permutas.

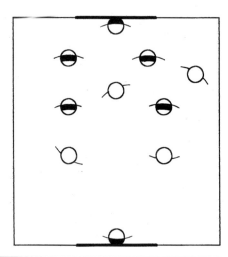

CAPÍTULO 12

ACTIVIDADES CON TRES PORTERÍAS

ACTIVIDAD 167

Material: 2 porterías reducidas y 1 balón.
Número de jugadores: 5.
Espacio: La actividad se desarrolla en un espacio de:
– Fútbol sala y fútbol: 20 x 20 m.
Descripción de la actividad: Un equipo de 2 jugadores y otro formado por 2 jugadores y un portero se enfrentan entre sí con los objetivos siguientes:
– El equipo compuesto por el portero intenta introducir el balón en las dos porterías reducidas, mientras sus adversarios persiguen el mismo objetivo atacando la portería defendida por el guardameta.
Consideraciones:
– Queda prohibido el pase al portero. Si se efectúa, supondrá un tanto para el equipo adversario.
Consigna: Los jugadores juegan a toques libres.
Objetivos:
– A nivel condicional:
  • Fútbol y fútbol sala: 20 x 20 m: resistencia específica II.
– A nivel técnico:
  • Ataque: el pase, la pared, el control-recepción, la conducción, el golpeo, el regate simple y compuesto.
  • Defensa: interceptación, entrada, carga.
– A nivel táctico:
  • Ataque: desmarque de ruptura, desmarque de apoyo, pase al pie, pase al espacio, juego en progresión y amplitud.
  • Defensa: vigilancia, anticipación, marcaje al hombre.

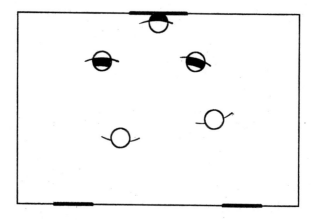

ACTIVIDAD 168

Material: 1 portería, 2 porterías reducidas y 1 balón.
Número de jugadores: 6; 5 jugadores y 1 comodín.
Espacio: La actividad se desarrolla en un espacio de:
– Fútbol sala y fútbol: 20 x 20 m.
Descripción de la actividad: Un equipo de 2 jugadores y otro formado por 2 jugadores y un portero se enfrentan entre sí con los objetivos siguientes:
– El equipo compuesto por el portero intenta introducir el balón en las dos porterías reducidas, mientras sus adversarios persiguen el mismo objetivo atacando la portería defendida por el guardameta.
– Aparece la figura del comodín, que juega siempre con el equipo poseedor del móvil.
Consideraciones:
– Queda prohibido el pase al portero. Si se efectúa, supondrá un tanto para el equipo adversario.
Consigna: Todos los jugadores juegan a 2 toques.
Objetivos:
– A nivel condicional:
• Fútbol y fútbol sala: 20 x 20 m: resistencia mixta.
– A nivel técnico:
• Ataque: el pase, la pared, el control-recepción, el golpeo, el regate simple.
• Defensa: interceptación, entrada, carga.
– A nivel táctico:
• Ataque: desmarque de ruptura, desmarque de apoyo, pase al pie, pase al espacio, juego en progresión y amplitud.
• Defensa: vigilancia, anticipación, marcaje en zona, coberturas y permutas.

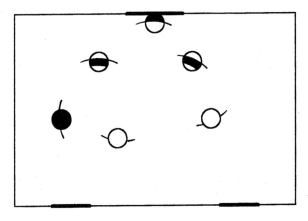

ACTIVIDAD 169

Material: 1 portería, 2 porterías reducidas y 1 balón.

Número de jugadores: 7.

Espacio: La actividad se desarrolla en un espacio de:
– Fútbol sala y fútbol: 30 x 20 m.

Descripción de la actividad: Un equipo de 3 jugadores y otro formado por 3 jugadores y un portero se enfrentan entre sí con los objetivos siguientes:
– El equipo compuesto por el portero intenta introducir el balón en las dos porterías reducidas, mientras sus adversarios persiguen el mismo objetivo atacando la portería defendida por el guardameta.

Consideraciones:
– Queda prohibido el pase al portero. Si se efectúa, supondrá un tanto para el equipo adversario.

Consigna: Todos los jugadores juegan a 2 toques y realizan marcaje al hombre.

Objetivos:
– A nivel condicional:
  • Fútbol y fútbol sala: 30 x 20 m: resistencia mixta.
– A nivel técnico:
  • Ataque: el pase, la pared, el control-recepción, el golpeo, el regate simple.
  • Defensa: interceptación, entrada, carga.
– A nivel táctico:
  • Ataque: desmarque de ruptura, desmarque de apoyo, pase al pie, pase al espacio, juego en progresión y amplitud.
  • Defensa: vigilancia, anticipación, marcaje al hombre.

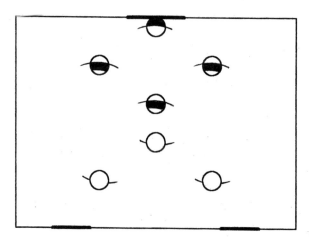

ACTIVIDAD 170

Material: 1 portería, 2 porterías reducidas y 1 balón.
Número de jugadores: 8; 7 jugadores y 1 comodín.
Espacio: La actividad se desarrolla en un espacio de:
– Fútbol sala y fútbol: 30 x 20 m.
Descripción de la actividad: Un equipo de 3 jugadores y otro formado por 3 jugadores y un portero se enfrentan entre sí con los objetivos siguientes:
– El equipo compuesto por el portero intenta introducir el balón en las dos porterías reducidas, mientras sus adversarios persiguen el mismo objetivo atacando la portería defendida por el guardameta.
– Aparece la figura del comodín, que participará siempre con el equipo poseedor del móvil.
Consideraciones:
– Queda prohibido el pase al portero. Si se efectúa, supondrá un tanto para el equipo adversario.
Consigna: Todos los jugadores juegan a 2 toques.
Objetivos:
– A nivel condicional:
• Fútbol y fútbol sala: 30 x 20 m: resistencia específica I.
– A nivel técnico:
• Ataque: el pase, la pared, el control-recepción, el golpeo, el regate simple.
• Defensa: interceptación, entrada, carga.
– A nivel táctico:
• Ataque: desmarque de ruptura, desmarque de apoyo, pase al pie, pase al espacio, juego en progresión y amplitud.
• Defensa: vigilancia, anticipación, marcaje en zona, coberturas y permutas.

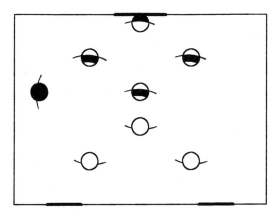

ACTIVIDAD 171

Material: 1 portería, 2 porterías reducidas y 1 balón.
Número de jugadores: 9.
Espacio: La actividad se desarrolla en un espacio de:
  – Fútbol sala: 40 x 20 m.
  – Fútbol: 40 x 40 m.
Descripción de la actividad: Un equipo de 2 jugadores y otro formado
  por 2 jugadores y un portero se enfrentan entre sí con los objetivos
  siguientes:
  – El equipo compuesto por el portero intenta introducir el balón
    en las dos porterías reducidas, mientras sus adversarios persiguen
    el mismo objetivo atacando la portería defendida por el guardameta.
  Consideraciones:
  – Queda prohibido el pase al portero. Si se efectúa, supondrá un tanto
    para el equipo adversario.
Consigna: Los jugadores juegan a 2 toques.
Objetivos:
  – A nivel condicional:
    • Fútbol sala: 40 x 20 m: resistencia específica II.
    • Fútbol: 40 x 40 m: resistencia específica II.
  – A nivel técnico:
    • Ataque: el pase, la pared, el control-recepción, el golpeo, el regate
      simple.
    • Defensa: interceptación, entrada, carga.
  – A nivel táctico:
    • Ataque: desmarque de ruptura, desmarque de apoyo, pase al pie,
      pase al espacio,
      juego en
      progresión
      y amplitud,
      cambios de
      orientación.
    • Defensa:
      vigilancia,
      anticipación,
      marcaje
      en zona,
      coberturas
      y permutas.

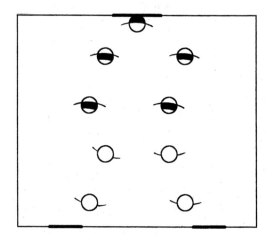

CAPÍTULO 13

ACTIVIDADES CON CUATRO
PORTERÍAS PARALELAS

ACTIVIDAD 172

Material: 4 porterías reducidas y 1 balón.
Número de jugadores: 4.
Espacio: La actividad se desarrolla en un espacio de:
– Fútbol sala y fútbol: 20 x 20 m.
Descripción de la actividad: 2 equipos de 2 jugadores se enfrentan entre sí con el objeto de introducir el balón en una de las 2 porterías opuestas.
Consideraciones:
– Cada equipo defiende 2 porterías reducidas, situadas en la misma línea.
– No existe la figura del portero.
Consigna: Todos los jugadores juegan a toques libres.
Objetivos:
– A nivel condicional: Resistencia específica II.
– A nivel técnico:
  • Ataque: el pase, la pared, el control-recepción, la conducción, el golpeo, el regate simple y compuesto.
  • Defensa: interceptación, entrada, carga.
– A nivel táctico:
  • Ataque: desmarque de ruptura, desmarque de apoyo, pase al pie, pase al espacio, juego en progresión y amplitud.
  • Defensa: vigilancia, anticipación, marcaje en zona, coberturas y permutas.

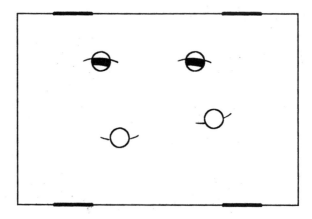

ACTIVIDAD 173

Material: 4 porterías reducidas y 1 balón.
Número de jugadores: 5; 4 jugadores y 1 comodín.
Espacio: La actividad se desarrolla en un espacio de:
– Fútbol sala y fútbol: 20 x 20 m.
Descripción de la actividad: 2 equipos de 2 jugadores se enfrentan entre sí con el objeto de introducir el balón en una de las 2 porterías opuestas.
Consideraciones:
– Cada equipo defiende 2 porterías reducidas, situadas en la misma línea.
– El comodín participa siempre con el equipo poseedor del móvil.
– No existe la figura del portero.
Consigna: Todos los jugadores juegan a 2 toques.
Objetivos:
– A nivel condicional: Resistencia específica II.
– A nivel técnico:
  • Ataque: el pase, la pared, el control-recepción, el golpeo, el regate simple.
  • Defensa: interceptación, entrada, carga.
– A nivel táctico:
  • Ataque: desmarque de ruptura, desmarque de apoyo, pase al pie, pase al espacio, juego en progresión y amplitud.
  • Defensa: entrada, carga, vigilancia, interceptación, anticipación, marcaje en zona, coberturas y permutas.

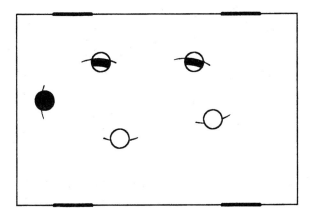

ACTIVIDAD 174

Material: 4 porterías reducidas y 1 balón.
Número de jugadores: 6
Espacio: La actividad se desarrolla en un espacio de:
– Fútbol sala y fútbol: 30 x 20 m.
Descripción de la actividad: 2 equipos de 3 jugadores se enfrentan entre sí con el objeto de introducir el balón en una de las 2 porterías opuestas.
Consideraciones:
– Cada equipo defiende 2 porterías reducidas, situadas en la misma línea.
– No existe la figura del portero.
Consigna: Todos los jugadores juegan a toques libres, excepto para introducir el balón en la portería, que deberá hacerse con 1 contacto.
Objetivos:
– A nivel condicional: Resistencia mixta.
– A nivel técnico:
  • Ataque: el pase, la pared, el control-recepción, el golpeo, el regate simple.
  • Defensa: interceptación, entrada, carga.
– A nivel táctico:
  • Ataque: desmarque de ruptura, desmarque de apoyo, pase al pie, pase al espacio, juego en progresión y amplitud.
  • Defensa: vigilancia, anticipación, marcaje mixto, coberturas y permutas.

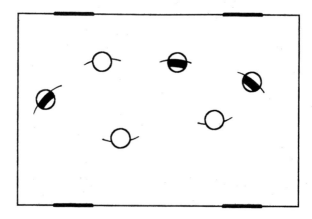

ACTIVIDAD 175

Material: 4 porterías reducidas y 1 balón.
Número de jugadores: 7; 6 jugadores y 1 comodín.
Espacio: La actividad se desarrolla en un espacio de:
– Fútbol sala: 30 x 20 m.
– Fútbol: 40 x 30 m
Descripción de la actividad: 2 equipos de 3 jugadores se enfrentan entre sí con el objeto de introducir el balón en una de las 2 porterías opuestas.
Consideraciones:
– Cada equipo defiende 2 porterías reducidas, situadas en la misma línea.
– El comodín participa siempre con el equipo poseedor del móvil.
– No existe la figura del portero.
Consigna: Los jugadores juegan a 2 toques.
Objetivos:
– A nivel condicional:
• Fútbol sala: resistencia específica I.
• Fútbol: Resistencia mixta.
– A nivel técnico:
• Ataque: el pase, la pared, el control-recepción, el golpeo, el regate simple.
• Defensa: interceptación, entrada, carga.
– A nivel táctico:
• Ataque: desmarque de ruptura, desmarque de apoyo, pase al pie, pase al espacio, juego en progresión y amplitud.
• Defensa: vigilancia, anticipación, marcaje en zona, coberturas y permutas.

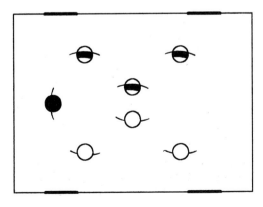

ACTIVIDAD 176

Material: 4 porterías reducidas y 1 balón.
Número de jugadores: 8.
Espacio: La actividad se desarrolla en un espacio de:
– Fútbol sala: 40 x 20 m.
– Fútbol: 40 x 40 m.
Descripción de la actividad: 2 equipos de 4 jugadores se enfrentan entre sí con el objeto de introducir el balón en una de las 2 porterías opuestas.
Consideraciones:
– Cada equipo defiende 2 porterías reducidas, situadas en la misma línea.
– No existe la figura del portero.
Consigna: Todos los jugadores juegan a 2 toques.
Objetivos:
– A nivel condicional:
  • Fútbol sala: resistencia específica II.
  • Fútbol: resistencia específica II.
– A nivel técnico:
  • Ataque: el pase, la pared, el control-recepción, el golpeo, el regate simple.
  • Defensa: interceptación, entrada, carga.
– A nivel táctico:
  • Ataque: desmarque de ruptura, desmarque de apoyo, pase al pie, pase al espacio, juego en progresión y amplitud, cambios de orientación.
  • Defensa: vigilancia, anticipación, marcaje mixto, coberturas y permutas.

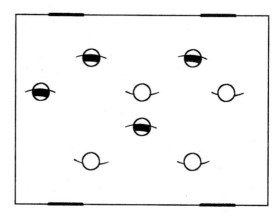

ACTIVIDAD 177

Material: 4 porterías reducidas y 1 balón.
Número de jugadores: 8.
Espacio: La actividad se desarrolla en un espacio de:
– Fútbol sala: 40 x 20 m.
– Fútbol: 40 x 40 m.
Descripción de la actividad: 2 equipos de 4 jugadores se enfrentan entre sí con el objeto de introducir el balón en una de las 2 porterías opuestas.
Consideraciones:
– Cada equipo defiende 2 porterías reducidas, situadas en la misma línea.
– El terreno de juego se divide en 3 zonas.
– No existe la figura del portero.
Consigna: En zona central los jugadores juegan a 2 toques y libre en extremos.
Objetivos:
– A nivel condicional:
• Fútbol sala: resistencia específica II.
• Fútbol: resistencia específica II.
– A nivel técnico:
• Ataque: el pase, la pared, el control-recepción, la conducción, el golpeo, el regate simple y compuesto.
• Defensa: interceptación, entrada, carga.
– A nivel táctico:
• Ataque: desmarque de ruptura, desmarque de apoyo, pase al pie, pase al espacio, juego en progresión y amplitud, cambios de orientación.
• Defensa: vigilancia, anticipación, marcaje mixto, coberturas y permutas.

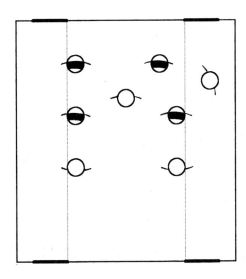

ACTIVIDAD 178

Material: 4 porterías reducidas y 1 balón.
Número de jugadores: 8.
Espacio: La actividad se desarrolla en un espacio de:
– Fútbol sala: 40 x 20 m.
– Fútbol: 40 x 40 m.
Descripción de la actividad: 2 equipos de 4 jugadores se enfrentan entre sí con el objeto de introducir el balón en una de las 2 porterías opuestas.
Consideraciones:
– Cada equipo defiende 2 porterías reducidas, situadas en la misma línea.
– El terreno de juego se divide en 3 zonas. En zona central participan todos los jugadores, mientras que las zonas laterales sólo pueden ser invadidas por 1 jugador de cada equipo.
– No existe la figura del portero.
Consigna: Todos los jugadores juegan a 2 toques.
Objetivos:
– A nivel condicional:
• Fútbol sala: resistencia mixta.
• Fútbol: resistencia específica II.
– A nivel técnico:
• Ataque: el pase, la pared, el control-recepción, el golpeo, el regate simple.
• Defensa:
interceptación,
entrada, carga.
– A nivel táctico:
• Ataque:
desmarque
de ruptura,
desmarque de
apoyo, pase al pie,
pase al espacio,
juego en
progresión y
amplitud, cambios
de orientación.
• Defensa: vigilancia,
anticipación,
marcaje mixto,
coberturas
y permutas.

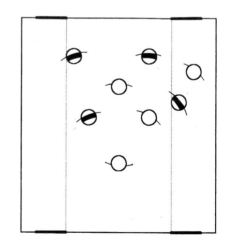

ACTIVIDAD 179

Material: 4 porterías reducidas y 1 balón.
Número de jugadores: 8.
Espacio: La actividad se desarrolla en un espacio de:
– Fútbol sala: 30 x 20 m.
– Fútbol: 40 x 30 m.
Descripción de la actividad: 2 equipos de 4 jugadores se enfrentan entre sí con el objeto de introducir el balón en una de las 2 porterías opuestas.
Consideraciones:
– Cada equipo defiende 2 porterías reducidas, situadas en la misma línea.
– El terreno de juego se divide en 3 zonas.
– Cada zona lateral será invadida por un solo jugador. Queda prohibido salir de este espacio, así como la participación de otro jugador en el mismo.
– En zona central se desplazarán los restantes jugadores.
Consigna: Todos los jugadores juegan a 2 toques.
Objetivos:
– A nivel condicional:
 • Fútbol sala: resistencia mixta.
 • Fútbol: resistencia mixta.
– A nivel técnico:
 • Ataque: el pase, la pared, el control-recepción, el golpeo, el regate simple.
 • Defensa: interceptación, entrada, carga.
– A nivel táctico:
 • Ataque: desmarque de ruptura, desmarque de apoyo, pase al pie, pase al espacio, juego en progresión y amplitud, cambios de orientación.
 • Defensa: vigilancia, anticipación, marcaje mixto, coberturas y permutas.

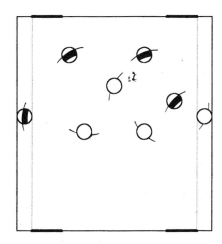

ACTIVIDAD 180

Material: 4 porterías reducidas y 1 balón.
Número de jugadores: 10; 8 jugadores y 2 comodines.
Espacio: La actividad se desarrolla en un espacio de:
– Fútbol sala: 40 x 20 m.
– Fútbol: 40 x 40 m.
Descripción de la actividad: 2 equipos de 4 jugadores se enfrentan entre sí con el objeto de introducir el balón en una de las 2 porterías opuestas.
Aparece la figura del comodín, que participará siempre con el equipo poseedor del móvil.
Consideraciones:
– Cada equipo defiende 2 porterías reducidas, situadas en la misma línea.
– El terreno de juego se divide en 3 zonas.
– Los comodines se situarán en las zonas laterales. No pueden salir de esta zona ni ningún jugador entrar en ella.
– No existe la figura del portero.
Consigna: Todos los jugadores juegan a 2 toques.
Objetivos:
– A nivel condicional:
• Fútbol sala: 20 x 20 m: resistencia mixta.
• Fútbol: resistencia mixta.
– A nivel técnico:
• Ataque: el pase, la pared, el control-recepción, el golpeo, el regate simple.
• Defensa: interceptación, entrada, carga.
– A nivel táctico:
• Ataque: desmarque de ruptura, desmarque de apoyo, pase al pie, pase al espacio, juego en progresión y amplitud, cambios de orientación.
• Defensa: vigilancia, anticipación, marcaje mixto, coberturas y permutas.

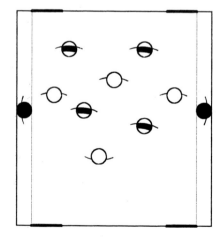

ACTIVIDAD 181

Material: 4 porterías reducidas y 1 balón.
Número de jugadores: 8.
Espacio: La actividad se desarrolla en un espacio de:
– Fútbol sala: 40 x 20 m.
– Fútbol: 40 x 40 m.
Descripción de la actividad: 2 equipos de 4 jugadores se enfrentan entre sí con el objeto de introducir el balón en una de las 2 porterías opuestas.
Consideraciones:
– Cada equipo defiende 2 porterías reducidas, situadas en la misma línea.
– El gol será válido si es conseguido con la cabeza.
– No existe la figura del portero.
Consigna: Los jugadores juegan a toques libres.
Objetivos:
– A nivel condicional:
  • Fútbol sala: resistencia mixta.
  • Fútbol: resistencia mixta.
– A nivel técnico:
  • Ataque: el pase, la pared, el control-recepción, la conducción, el golpeo, el golpeo de cabeza, el regate simple y compuesto.
  • Defensa: interceptación, entrada, carga, despejes.
– A nivel táctico:
  • Ataque: desmarque de ruptura, desmarque de apoyo, pase al pie, pase al espacio, juego en progresión y amplitud, cambios de orientación.
  • Defensa: vigilancia, anticipación, marcaje mixto, coberturas y permutas.

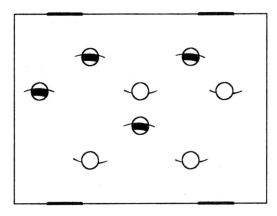

ACTIVIDAD 182

Material: 4 porterías reducidas y 1 balón.
Número de jugadores: 8.
Espacio: La actividad se desarrolla en un espacio de:
– Fútbol sala: 40 x 20 m.
– Fútbol: 40 x 40 m.
Descripción de la actividad: 2 equipos de 4 jugadores se enfrentan entre sí con el objeto de introducir el balón en una de las 2 porterías opuestas.
Consideraciones:
– Cada equipo defiende 2 porterías reducidas, situadas en la misma línea.
– El gol valdrá doble si es conseguido con la cabeza y el esférico pasa por encima de la cuerda situada en la portería. Se obtendrá 1 tanto si sobrepasa ésta por debajo, independientemente de la superficie de contacto.
– No existe la figura del portero.
Consigna: Los jugadores juegan a 3 toques.
Objetivos:
– A nivel condicional:
• Fútbol sala: resistencia mixta.
• Fútbol: resistencia mixta.
– A nivel técnico:
• Ataque: la elevación, el pase, la pared, el control-recepción, la conducción, el golpeo, el golpeo de cabeza, el regate simple y compuesto.
• Defensa: interceptación, entrada, carga, despejes.
– A nivel táctico:
• Ataque: desmarque de ruptura, desmarque de apoyo, pase al pie, pase al espacio, juego en progresión y amplitud.
• Defensa: vigilancia, anticipación, marcaje mixto, coberturas y permutas.

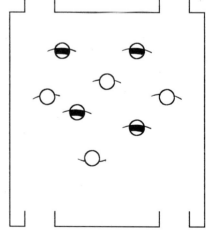

ACTIVIDAD 183

Material: 4 porterías reducidas y 1 balón.
Número de jugadores: 8.
Espacio: La actividad se desarrolla en un espacio de:
– Fútbol sala: 40 x 20 m.
– Fútbol: 40 x 40 m.
Descripción de la actividad: 2 equipos de 4 jugadores se enfrentan entre sí con el objeto de introducir el balón en una de las 2 porterías opuestas.
Consideraciones:
– Cada equipo defiende 2 porterías reducidas, situadas en la misma línea.
– El gol sólo será válido si no se sobrepasa la línea discontinua señalada en el dibujo. Ningún jugador puede invadir esta zona.
– No existe la figura del portero.
Consigna: Los jugadores juegan a 2 toques.
Objetivos:
– A nivel condicional:
• Fútbol sala: resistencia mixta.
• Fútbol: resistencia mixta.
– A nivel técnico:
• Ataque: el pase, la pared, el control-recepción, el golpeo, el regate simple.
• Defensa: interceptación, entrada, carga.
– A nivel táctico:
• Ataque: desmarque de ruptura, desmarque de apoyo, pase al pie, pase al espacio, juego en progresión y amplitud, cambios de orientación.
• Defensa: vigilancia, anticipación, marcaje en zona, coberturas y permutas.

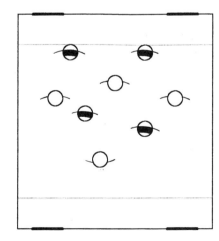

CAPÍTULO 14

ACTIVIDADES CON CUATRO PORTERÍAS EN CRUZ

ACTIVIDAD 184

Material: 4 porterías reducidas y 1 balón.
Número de jugadores: 6.
Espacio: La actividad se desarrolla en un espacio de:
  – Fútbol sala: 20 x 20 m.
  – Fútbol: 30 x 30 m.
Descripción de la actividad: 2 equipos de 3 jugadores se enfrentan entre sí con el objeto de introducir el balón en una de las 2 porterías opuestas.
Consideraciones:
  – Cada equipo defiende 2 porterías reducidas, situadas a ambos lados del espacio.
  – No existe la figura del portero.
Consigna: Todos los jugadores juegan a toques libres.
Objetivos:
  – A nivel condicional:
    • Fútbol sala: resistencia específica I.
    • Fútbol: resistencia mixta.
  – A nivel técnico:
    • Ataque: el pase, la pared, el control-recepción, la conducción, el golpeo, el regate simple y compuesto.
    • Defensa: interceptación, entrada, carga.
  – A nivel táctico:
    • Ataque: desmarque de ruptura, desmarque de apoyo, pase al pie, pase al espacio, juego en progresión y amplitud.
    • Defensa: vigilancia, anticipación, marcaje mixto, coberturas y permutas.

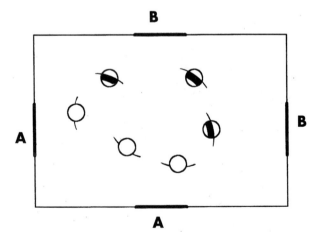

ACTIVIDAD 185

Material: 4 porterías reducidas y 1 balón.
Número de jugadores: 7; 6 jugadores y 1 comodín.
Espacio: La actividad se desarrolla en un espacio de:
– Fútbol sala: 20 x 20 m.
– Fútbol: 30 x 30 m.
Descripción de la actividad: 2 equipos de 3 jugadores se enfrentan entre sí con el objeto de introducir el balón en una de las 2 porterías opuestas.
Aparece la figura del comodín, que participará siempre con el equipo poseedor del móvil.
Consideraciones:
– Cada equipo defiende 2 porterías reducidas, situadas a ambos lados del espacio.
– No existe la figura del portero.
Consigna: Todos los jugadores juegan a toques libres y el comodín 2.
Objetivos:
– A nivel condicional:
  • Fútbol sala: resistencia específica I.
  • Fútbol: resistencia específica I.
– A nivel técnico:
  • Ataque: el pase, la pared, el control-recepción, la conducción, el golpeo, el regate simple y compuesto.
  • Defensa: interceptación, entrada, carga.
– A nivel táctico:
  • Ataque: desmarque de ruptura, desmarque de apoyo, pase al pie, pase al espacio, juego en progresión y amplitud.
  • Defensa: vigilancia, anticipación, marcaje mixto, coberturas y permutas.

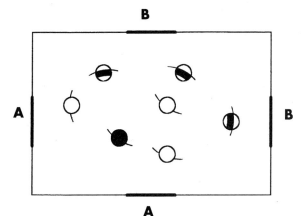

ACTIVIDAD 186

Material: 4 porterías reducidas y 1 balón.
Número de jugadores: 8.
Espacio: La actividad se desarrolla en un espacio de:
– Fútbol sala: 30 x 20 m.
– Fútbol: 40 x 40 m.
Descripción de la actividad: 2 equipos de 4 jugadores se enfrentan entre sí con el objeto de introducir el balón en una de las 2 porterías opuestas.
Consideraciones:
– Cada equipo defiende 2 porterías reducidas, situadas a ambos lados del espacio.
– Se conseguirá tanto si el jugador sobrepasa la portería con el balón controlado.
– No existe la figura del portero.
Consigna: Todos los jugadores juegan a 3 toques.
Objetivos:
– A nivel condicional:
• Fútbol sala: resistencia mixta.
• Fútbol: resistencia mixta.
– A nivel técnico:
• Ataque: el pase, la pared, el control-recepción, la conducción, el golpeo, el regate simple y compuesto.
• Defensa: interceptación, entrada, carga.
– A nivel táctico:
• Ataque: desmarque de ruptura, desmarque de apoyo, pase al pie, pase al espacio, juego en progresión y amplitud.
• Defensa: vigilancia, anticipación, marcaje en zona, coberturas y permutas.

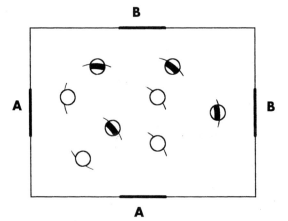

ACTIVIDAD 187

Material: 4 porterías reducidas y 1 balón.
Número de jugadores: 6.
Espacio: La actividad se desarrolla en un espacio de:
– Fútbol sala: 20 x 20 m.
– Fútbol: 30 x 30 m.
Descripción de la actividad: 2 equipos de 3 jugadores se enfrentan entre sí con el objeto de introducir el balón en una de las 2 porterías opuestas.
Consideraciones:
– Cada equipo defiende 2 porterías reducidas, situadas una enfrente de otra.
– No existe la figura del portero.
Consigna: Todos los jugadores juegan a toques libres.
Objetivos:
– A nivel condicional:
• Fútbol sala: resistencia específica I.
• Fútbol: resistencia específica I.
– A nivel técnico:
• Ataque: el pase, la pared, el control-recepción, la conducción, el golpeo, el regate simple y compuesto.
• Defensa: interceptación, entrada, carga.
– A nivel táctico:
• Ataque: desmarque de ruptura, desmarque de apoyo, pase al pie, pase al espacio, juego en progresión y amplitud.
• Defensa: vigilancia, anticipación, marcaje mixto, coberturas y permutas.

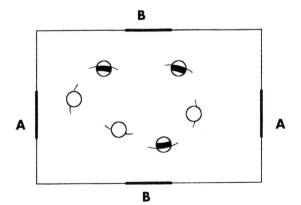

ACTIVIDAD 188

Material: 4 porterías reducidas y 1 balón.

Número de jugadores: 8.

Espacio: La actividad se desarrolla en un espacio de:
 – Fútbol sala: 30 x 20 m.
 – Fútbol: 40 x 40 m.

Descripción de la actividad: 2 equipos de 4 jugadores se enfrentan entre sí con el objeto de introducir el balón en una de las 2 porterías opuestas.

Consideraciones:
 – Cada equipo defiende 2 porterías reducidas, situadas una enfrente de otra.
 – No existe la figura del portero.

Consigna: Todos los jugadores juegan a toques libres.

Objetivos:
 – A nivel condicional:
  • Fútbol sala: resistencia específica I.
  • Fútbol: resistencia específica I.
 – A nivel técnico:
  • Ataque: el pase, la pared, el control-recepción, la conducción, el golpeo, el regate simple y compuesto.
  • Defensa: interceptación, entrada, carga.
 – A nivel táctico:
  • Ataque: desmarque de ruptura, desmarque de apoyo, pase al pie, pase al espacio, juego en progresión y amplitud.
  • Defensa: vigilancia, anticipación, marcaje mixto, coberturas y permutas.

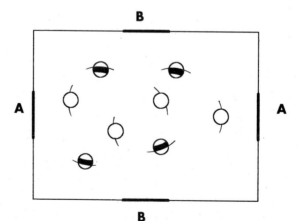

CAPÍTULO 15

ACTIVIDADES CON DIVERSOS OBJETIVOS DE MARCA

ACTIVIDAD 189

Material: 6 balones.
Número de jugadores: 6.
Espacio: La actividad se desarrolla en un espacio de:
– Fútbol sala y fútbol: 20 x 20 m.
Descripción de la actividad: Cada jugador tiene un balón en su poder
conduciéndolo libremente por el espacio señalado. El objetivo
consiste en apoderarse de un esférico mientras se está conduciendo
el móvil.
Consigna: Todos los jugadores juegan a toques libres.
Objetivos:
   – A nivel condicional: resistencia aeróbica.
   – A nivel técnico:
     • Ataque: la conducción, el regate simple y compuesto.
     • Defensa: entrada, interceptación.
   – A nivel táctico:
     • Ataque: control del balón.
     • Defensa: presionar al jugador que se encuentre de espaldas.

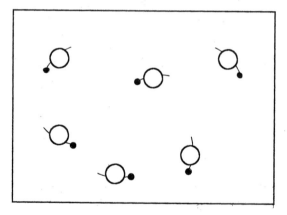

ACTIVIDAD 190

Material: 5 balones.
Número de jugadores: 6.
Espacio: La actividad se desarrolla en un espacio de:
– Fútbol sala y fútbol: 20 x 20 m.
Descripción de la actividad: Cada jugador tiene un balón en su poder conduciéndolo libremente por el espacio señalado, a excepción de uno que intentará interceptar el móvil de algún adversario.
Consideraciones:
– Se cambiarán rápidamente las funciones cuando un jugador pierda la posesión del móvil.
– No se puede interceptar el móvil al adversario que nos quitó el balón.
Consigna: Todos los jugadores juegan a toques libres.
Objetivos:
– A nivel condicional: resistencia aeróbica.
– A nivel técnico:
• Ataque: la conducción, el regate simple y compuesto.
• Defensa: entrada, interceptación.
– A nivel táctico:
• Ataque: control del balón.
• Defensa: marcaje al hombre.

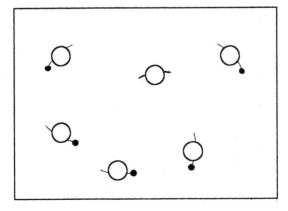

ACTIVIDAD 191

Material: 10 balones.
Número de jugadores: 6.
Espacio: La actividad se desarrolla en un espacio de:
– Fútbol sala y fútbol: 20 x 20 m.
Descripción de la actividad: 2 equipos de 3 jugadores se enfrentan entre sí de la siguiente manera:
Cada equipo posee 5 balones y el objetivo es dejar todos esos balones en la zona adversaria.
Consideraciones:
– El balón que sobrepase la línea contraria no podrá ser jugado nuevamente.
– Mientras se conduce el balón se puede interceptar el móvil del contrario.
– Queda prohibido el pase entre compañeros.
– Entre los jugadores del mismo equipo se pueden delimitar los roles: por ejemplo, mientras dos conducen, otro defiende la zona o todos conducen el balón.
Consigna: Todos los jugadores juegan a toques libres.
Objetivos:
– A nivel condicional: resistencia aeróbica.
– A nivel técnico:
• Ataque: la conducción, el regate simple y compuesto.
• Defensa: entrada, interceptación.
– A nivel táctico:
• Ataque: control del balón.
• Defensa: vigilancia, marcaje en zona.

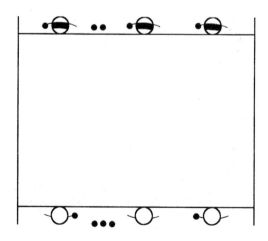

ACTIVIDAD 192

Material: 1 balón.
Número de jugadores: 6.
Espacio: La actividad se desarrolla en un espacio de:
– Fútbol sala y fútbol: 30 x 20 m.
Descripción de la actividad: 2 equipos de 3 jugadores se enfrentan
entre sí de la siguiente manera:
El objetivo de la actividad consiste en dejar el balón controlado dentro
del círculo o cuadrado delimitado en el dibujo.
Consigna: Todos los jugadores juegan a toques libres.
Objetivos:
– A nivel condicional: resistencia aeróbica.
– A nivel técnico:
• Ataque: el pase, la pared, el control-recepción, la conducción,
el regate simple y compuesto.
• Defensa: entrada, interceptación.
– A nivel táctico:
• Ataque: pase al pie, pase al espacio, desmarque de apoyo
y de ruptura, control del juego.
• Defensa: anticipación, marcaje mixto.

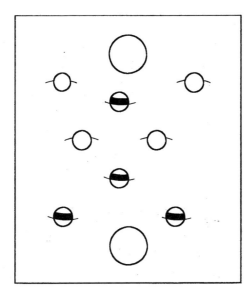

ACTIVIDAD 193

Material: 1 balón.
Número de jugadores: 10.
Espacio: La actividad se desarrolla en un espacio de:
– Fútbol sala y fútbol: 30 x 20 m.
Descripción de la actividad: 2 equipos de 4 jugadores se enfrentan entre sí de la siguiente manera:
El objetivo de la actividad consiste en pasar el balón al compañero que se encuentra dentro del espacio adversario (un círculo o un cuadrado).
Consideraciones:
– El jugador que se sitúe dentro del espacio adversario no podrá salir.
– Para que sea tanto, el jugador deberá controlar el móvil al primer contacto.
Consigna: Todos los jugadores juegan a 2 toques.
Objetivos:
– A nivel condicional: resistencia aeróbica.
– A nivel técnico:
  • Ataque: el pase, la pared, el control-recepción, el regate simple.
  • Defensa: interceptación, entrada.
– A nivel táctico:
  • Ataque: pase al pie, pase al espacio, desmarque de apoyo y de ruptura, control del juego, cambios de orientación, juego en progresión y amplitud.
  • Defensa: anticipación, marcaje mixto.

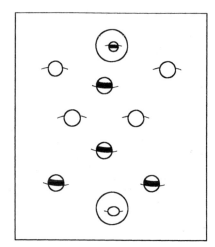

ACTIVIDAD 194

Material: 1 balón.
Número de jugadores: 8.
Espacio: La actividad se desarrolla en un espacio de:
– Fútbol sala: 40 x 20 m.
– Fútbol: 40 x 40 m.
Descripción de la actividad: 2 equipos de 4 jugadores se enfrentan
entre sí de la siguiente manera:
El equipo poseedor del móvil deberá dejar el balón dentro de una
de las 4 esquinas, mientras sus adversarios lo impiden.
Consideraciones:
– En el momento que un jugador intercepte el móvil se intercambian
las funciones.
Consigna: Todos los jugadores juegan a 2 toques.
Objetivos:
– A nivel condicional:
• Fútbol sala: resistencia mixta.
• Fútbol: resistencia mixta.
– A nivel técnico:
• Ataque: el pase, la pared, el control-recepción, el regate simple.
• Defensa: interceptación, entrada.
– A nivel táctico:
• Ataque: pase al pie, pase al espacio, desmarque de apoyo
y de ruptura, control del juego.
• Defensa: anticipación, marcaje en zona.

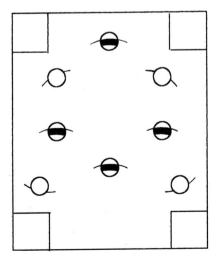

ACTIVIDAD 195

Material: 1 balón.
Número de jugadores: 8.
Espacio: La actividad se desarrolla en un espacio de:
– Fútbol sala: 40 x 20 m.
– Fútbol: 40 x 40 m.
Descripción de la actividad: 2 equipos de 4 jugadores se enfrentan entre sí de la siguiente manera:
El equipo poseedor del móvil deberá dejar el balón dentro de las dos esquinas adversarias, mientras sus contrarios lo impiden buscando el mismo objetivo.
Consigna: Todos los jugadores juegan a 2 toques.
Objetivos:
– A nivel condicional:
  • Fútbol sala: resistencia mixta.
  • Fútbol: resistencia mixta.
– A nivel técnico:
  • Ataque: el pase, la pared, el control-recepción, el regate simple.
  • Defensa: entrada, interceptación.
– A nivel táctico:
  • Ataque: pase al pie, pase al espacio, desmarque de apoyo y de ruptura, control del juego, cambios de orientación, juego en amplitud y progresión.
  • Defensa: anticipación, marcaje en zona.

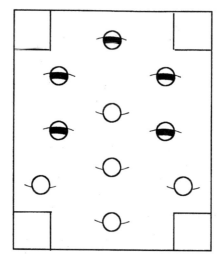

ACTIVIDAD 196

Material: 1 balón.
Número de jugadores: 8.
Espacio: La actividad se desarrolla en un espacio de:
– Fútbol sala y fútbol: 30 x 20 m.
Descripción de la actividad: 2 equipos de 4 jugadores se enfrentan entre sí de la siguiente manera:
El objetivo de la actividad consiste en pasar el balón al compañero que se encuentra dentro del espacio adversario (situado en la línea de fondo).
Consideraciones:
– El jugador que recibe el pase para conseguir tanto se podrá desplazar a lo largo de la línea, no pudiendo entrar en el espacio.
– Para conseguir tanto se deberá controlar el móvil al primer contacto; asimismo el pase se realizará dentro del campo adversario.
Consigna: Todos los jugadores juegan a 2 toques.
Objetivos:
– A nivel condicional: resistencia mixta.
– A nivel técnico:
  • Ataque: el pase, la pared, el control-recepción, el regate simple.
  • Defensa: entrada, interceptación.
– A nivel táctico:
  • Ataque: pase al pie, pase al espacio, desmarque de apoyo y de ruptura, control del juego, juego en progresión.
  • Defensa: anticipación, marcaje en zona, repliegue.

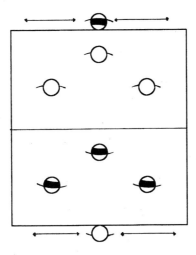

ACTIVIDAD 197

Material: 1 balón.
Número de jugadores: 4.
Espacio: La actividad se desarrolla en un espacio de:
– Fútbol sala y fútbol: 15 x 10 m.
Descripción de la actividad: 2 equipos de 2 jugadores se enfrentan entre sí de la siguiente manera:
El objetivo de la actividad consiste en realizar un 2 contra 1. Los jugadores del mismo equipo se situarán en lados opuestos haciendo una función defensiva, evitando que los 2 contrarios le sobrepasen dejando el balón controlado detrás de la línea.
Consideraciones:
– Si se intercepta el móvil,se cambian las funciones.
Consigna: Todos los jugadores juegan a 2 toques.
Objetivos:
– A nivel condicional: resistencia aeróbica.
– A nivel técnico:
• Ataque: el pase, la pared, el control-recepción, la conducción, el regate simple y compuesto.
– A nivel táctico:
• Ataque: pase al pie, pase al espacio, desmarque de apoyo y de ruptura, movimientos en cruce.
• Defensa: vigilancia, temporización, marcaje en zona.

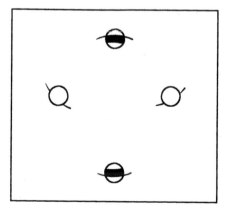

ACTIVIDAD 198

Material: 1 portería reducida, 2 conos, 1 balón.
Número de jugadores: 8.
Espacio: La actividad se desarrolla en un espacio de:
– Fútbol sala: 40 x 20 m.
– Fútbol: 40 x 30 m.
Descripción de la actividad: 2 equipos de 4 jugadores se enfrentan
entre sí de la siguiente manera:
El objetivo de la actividad consiste en pasar el balón al compañero
que se encuentra dentro del espacio adversario (situado entre conos)
mientras el equipo contrario intenta introducir el balón en la portería
adversaria.
Consideraciones:
– El jugador que recibe el pase para conseguir tanto se podrá
desplazar a lo largo de la línea de conos, no pudiendo entrar
en el espacio de juego.
– Para conseguir tanto se deberá controlar el móvil al primer contacto.
Consigna: Todos los jugadores juegan a 2 toques.
Objetivos:
– A nivel condicional:
• Fútbol sala: 40 x 20 m: resistencia mixta.
• Fútbol: 40 x 30 m: resistencia mixta.
– A nivel técnico:
• Ataque: el pase,
la pared, el control-
recepción,
el regate simple.
• Defensa: entrada,
interceptación.
– A nivel táctico:
• Ataque: pase al pie,
pase al espacio,
desmarque de apoyo
y de ruptura, control
del juego, juego en
progresión.
• Defensa:
anticipación, marcaje
en zona, repliegue.

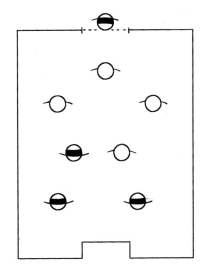

ACTIVIDAD 199

Material: 5 conos, 1 balón.
Número de jugadores: 8.
Espacio: La actividad se desarrolla en un espacio de:
– Fútbol sala: 40 x 20 m.
– Fútbol: 40 x 30 m.
Descripción de la actividad: 2 equipos de 4 jugadores se enfrentan entre sí de la siguiente manera:
El objetivo de la actividad consiste en pasar el balón al compañero que se encuentra dentro del espacio adversario (situado entre conos) mientras el equipo contrario intenta darle a uno de los 3 conos del equipo contrario.
Consideraciones:
– El jugador que recibe el pase para conseguir tanto se podrá desplazar a lo largo de la línea de conos, no pudiendo entrar en el espacio de juego.
– Para conseguir tanto se deberá controlar el móvil al primer contacto.
Consigna: Todos los jugadores juegan a 2 toques.
Objetivos:
– A nivel condicional:
 • Fútbol sala: 40 x 20 m: resistencia mixta.
 • Fútbol: 40 x 30 m: resistencia mixta.
– A nivel técnico:
 • Ataque: el pase, la pared, el control-recepción, el regate simple, el golpeo.
 • Defensa: entrada, interceptación.
– A nivel táctico:
 • Ataque: pase al pie, pase al espacio, desmarque de apoyo y de ruptura, control del juego, juego en progresión.
 • Defensa: anticipación, marcaje en zona, repliegue.

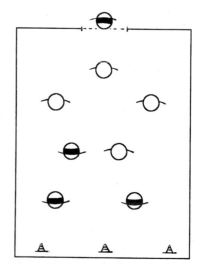

ACTIVIDAD 200

Material: 2 conos, 1 balón.
Número de jugadores: 8.
Espacio: La actividad se desarrolla en un espacio de:
– Fútbol sala: 40 x 20 m.
– Fútbol: 40 x 30 m.
Descripción de la actividad: 2 equipos de 4 jugadores se enfrentan entre sí de la siguiente manera:
El objetivo de la actividad consiste en pasar el balón al compañero que se encuentra dentro del espacio adversario (situado entre conos) mientras el equipo contrario intenta conservar el balón.
Consideraciones:
– El jugador que recibe el pase para conseguir tanto se podrá desplazar a lo largo de la línea de conos, no pudiendo entrar en el espacio de juego.
– Para conseguir tanto se deberá controlar el móvil al primer contacto.
Consigna: Todos los jugadores juegan a 2 toques.
Objetivos:
– A nivel condicional:
• Fútbol sala: 40 x 20 m: resistencia mixta.
• Fútbol: 40 x 30 m: resistencia mixta.
– A nivel técnico:
• Ataque: el pase, la pared, el control-recepción, el regate simple.
• Defensa: entrada, interceptación.
– A nivel táctico:
• Ataque: pase al pie, pase al espacio, desmarque de apoyo y de ruptura, control del juego.
• Defensa: anticipación, marcaje en zona, repliegue, temporización.

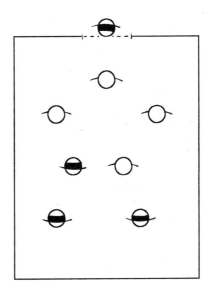

ACTIVIDAD 201

Material: 2 conos, 1 balón.
Número de jugadores: 8.
Espacio: La actividad se desarrolla en un espacio de:
– Fútbol sala: 40 x 20 m.
– Fútbol: 40 x 30 m.
Descripción de la actividad: 2 equipos de 4 jugadores se enfrentan entre sí de la siguiente manera:
El objetivo de la actividad consiste en pasar el balón al compañero que se encuentra dentro del espacio adversario (situado entre conos) mientras el equipo contrario intenta conservar el balón.
Consideraciones:
– El jugador que recibe el pase para conseguir tanto se podrá desplazar a lo largo de la línea de conos, cuando su equipo esté en ataque, no pudiendo entrar en el espacio de juego. Cuando su equipo se encuentre en defensa podrá entrar en el espacio de juego para interceptar el móvil.
– Para conseguir tanto se deberá controlar el móvil al primer contacto.
Consigna: Todos los jugadores juegan a 2 toques.
Objetivos:
– A nivel condicional:
  • Fútbol sala: 40 x 20 m: resistencia mixta.
  • Fútbol: 40 x 30 m: resistencia mixta.
– A nivel técnico:
  • Ataque: el pase, la pared, el control-recepción, el regate simple.
  • Defensa: entrada, interceptación.
– A nivel táctico:
  • Ataque: pase al pie, pase al espacio, desmarque de apoyo y de ruptura, control del juego.
  • Defensa: anticipación, marcaje en zona, repliegue, cobertura y permuta.

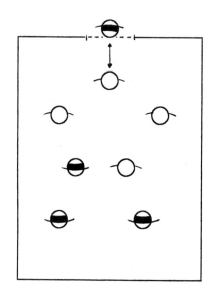

ACTIVIDAD 202

Material: 4 conos, 1 balón.
Número de jugadores: 10; 2 equipos de 4 y 2 comodines.
Espacio: La actividad se desarrolla en un espacio de:
– Fútbol sala: 40 x 20 m.
– Fútbol: 40 x 30 m.
Descripción de la actividad: 2 equipos de 4 jugadores se enfrentan entre sí de la siguiente manera:
El objetivo de la actividad consiste en pasar el balón al compañero que se encuentra dentro del espacio adversario (situado en la línea de fondo).
Aparece la figura del comodín, que participará siempre con el equipo poseedor del móvil.
Consideraciones:
– El jugador que recibe el pase para conseguir tanto se podrá desplazar a lo largo de la línea, no pudiendo entrar en el espacio.
– Para conseguir tanto se deberá controlar el móvil al primer contacto; asimismo el pase se realizará dentro del campo contrario.
– Los comodines se desplazarán a lo largo de la banda no pudiendo invadir el espacio interior.
Consigna: Todos los jugadores juegan a 2 toques.
Objetivos:
– A nivel condicional: resistencia mixta.
– A nivel técnico:
 • Ataque: el pase, la pared, el control-recepción, el regate simple.
 • Defensa: entrada, interceptación.
– A nivel táctico:
 • Ataque: pase al pie, pase al espacio, desmarque de apoyo y de ruptura, control del juego, juego en amplitud y progresión.
 • Defensa: anticipación, marcaje en zona, cobertura y permuta.

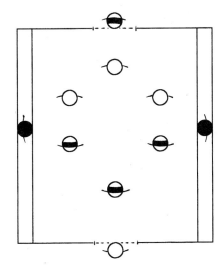

ACTIVIDAD 203

Material: 4 conos, 1 balón.
Número de jugadores: 9; 2 equipos de 4 y 1 comodín.
Espacio: La actividad se desarrolla en un espacio de:
– Fútbol sala: 40 x 20 m.
– Fútbol: 40 x 30 m.
Descripción de la actividad: 2 equipos de 4 jugadores se enfrentan entre sí de la siguiente manera:
El objetivo de la actividad consiste en pasar el balón al compañero que se encuentra dentro del espacio adversario (situado entre conos) mientras el equipo contrario intenta conservar el balón.
Aparece la figura del comodín, que participará siempre con el equipo poseedor del móvil.
Consideraciones:
– El jugador que recibe el pase para conseguir tanto se podrá desplazar a lo largo de la línea de conos, cuando su equipo esté en ataque, no pudiendo entrar en el espacio de juego. Cuando su equipo se encuentre en defensa podrá entrar en el espacio de juego para interceptar el móvil.
– Para conseguir tanto se deberá controlar el móvil al primer contacto.
Consigna: Todos los jugadores juegan a 2 toques.
Objetivos:
– A nivel condicional:
  • Fútbol sala: 40 x 20 m: resistencia mixta.
  • Fútbol: 40 x 30 m: resistencia mixta.
– A nivel técnico:
  • Ataque: el pase, la pared, el control-recepción, el regate simple.
  • Defensa: entrada, interceptación.
– A nivel táctico:
  • Ataque: pase al pie, pase al espacio, desmarque de apoyo y de ruptura, control del juego, juego en progresión.
  • Defensa: anticipación, marcaje en zona, repliegue, cobertura y permuta.

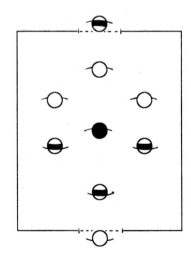

ACTIVIDAD 204

Material: 6 conos, 1 balón.
Número de jugadores: 8.
Espacio: La actividad se desarrolla en un espacio de:
– Fútbol sala: 40 x 20 m.
– Fútbol: 40 x 30 m.
Descripción de la actividad: 2 equipos de 4 jugadores se enfrentan entre sí de la siguiente manera:
Mientras un equipo intenta introducir el balón en una de las dos porterías reducidas, el otro deberá traspasar con el balón controlado la línea situada entre los dos conos.
Consigna: El equipo que debe sobrepasar la línea con el balón controlado realizará toques libres, mientras el otro sólo 2.
Objetivos:
– A nivel condicional:
• Fútbol sala: 40 x 20 m: resistencia mixta.
• Fútbol: 40 x 30 m: resistencia mixta.
– A nivel técnico:
• Ataque: el pase, la pared, el control-recepción, la conducción, el regate simple y compuesto, el golpeo.
• Defensa: entrada, interceptación.
– A nivel táctico:
• Ataque: pase al pie, pase al espacio, desmarque de apoyo y de ruptura, control del juego y juego en progresión y amplitud.
• Defensa: anticipación, marcaje mixto.

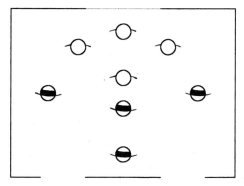

ACTIVIDAD 205

Material: 2 conos, 1 balón.
Número de jugadores: 8.
Espacio: La actividad se desarrolla en un espacio de:
– Fútbol sala: 40 x 20 m.
– Fútbol: 40 x 30 m.
Descripción de la actividad: 2 equipos de 4 jugadores se enfrentan
entre sí de la siguiente manera:
El objetivo de la actividad consiste en darle al cono defendido
por cada uno de los equipos.
Consigna: Todos los jugadores juegan a 2 toques.
Objetivos:
– A nivel condicional:
• Fútbol sala: 40 x 20 m: resistencia específica I.
• Fútbol: 40 x 30 m: resistencia específica I.
– A nivel técnico:
• Ataque: el pase, la pared, el control-recepción, el regate simple, el
golpeo.
• Defensa: entrada, interceptación.
– A nivel táctico:
• Ataque: pase al pie, pase al espacio, desmarque de apoyo
y de ruptura, control del juego, juego en progresión.
• Defensa: anticipación, marcaje en zona, coberturas y permutas.

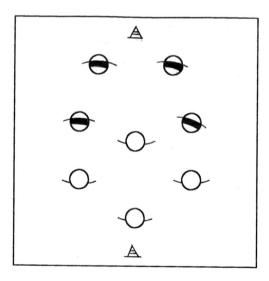

ACTIVIDAD 206

Material: 4 conos, 1 balón.
Número de jugadores: 8.
Espacio: La actividad se desarrolla en un espacio de:
– Fútbol sala: 40 x 20 m.
– Fútbol: 40 x 30 m.
Descripción de la actividad: 2 equipos de 4 jugadores se enfrentan entre sí de la siguiente manera:
El objetivo de la actividad consiste en darle a uno de los 2 conos defendidos por cada uno de los equipos.
Consigna: Todos los jugadores juegan a 2 toques.
Objetivos:
– A nivel condicional:
• Fútbol sala: 40 x 20 m: resistencia específica I.
• Fútbol: 40 x 30 m: resistencia mixta.
– A nivel técnico:
• Ataque: el pase, la pared, el control-recepción, el regate simple, el golpeo.
• Defensa: interceptación, entrada.
– A nivel táctico:
• Ataque: pase al pie, pase al espacio, desmarque de apoyo y de ruptura, control del juego, juego en progresión y en amplitud.
• Defensa: anticipación, marcaje en zona, coberturas y permutas.

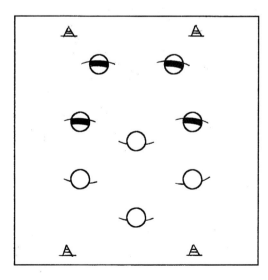

ACTIVIDAD 207

Material: 6 conos, 1 balón.
Número de jugadores: 8.
Espacio: La actividad se desarrolla en un espacio de:
  – Fútbol sala: 40 x 20 m.
  – Fútbol: 40 x 30 m.
Descripción de la actividad: 2 equipos de 4 jugadores se enfrentan
  entre sí de la siguiente manera:
  El objetivo de la actividad consiste en darle a uno de los 3 conos
  defendidos por cada uno de los equipos.
Consigna: Todos los jugadores juegan a 2 toques.
Objetivos:
  – A nivel condicional:
    • Fútbol sala: 40 x 20 m: resistencia mixta.
    • Fútbol: 40 x 30 m: resistencia mixta.
  – A nivel técnico:
    • Ataque: el pase, la pared, el control-recepción, el regate simple, el
      golpeo.
    • Defensa: entrada, interceptación.
  – A nivel táctico:
    • Ataque: pase al pie, pase al espacio, desmarque de apoyo
      y de ruptura, control del juego, juego en progresión y amplitud,
      cambios de orientación.
    • Defensa: anticipación, marcaje en zona, repliegue, coberturas
      y permutas.

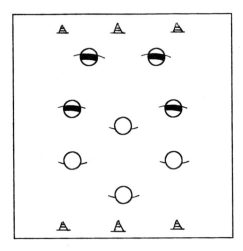

ACTIVIDAD 208

Material: 2 conos, 1 balón.
Número de jugadores: 8.
Espacio: La actividad se desarrolla en un espacio de:
– Fútbol sala: 40 x 20 m.
– Fútbol: 40 x 30 m.
Descripción de la actividad: 2 equipos de 4 jugadores se enfrentan
entre sí de la siguiente manera:
El objetivo de la actividad consiste en darle al cono defendido
por cada uno de los equipos.
Consideraciones:
– El cono se ubica dentro de un círculo o cuadrado. Ningún jugador
podrá entrar en dicho espacio.
Consigna: Todos los jugadores juegan a 2 toques.
Objetivos:
– A nivel condicional:
  • Fútbol sala: 40 x 20 m: resistencia específica I.
  • Fútbol: 40 x 30 m: resistencia específica I.
– A nivel técnico:
  • Ataque: el pase, la pared, el control-recepción, el regate simple,
  el golpeo.
  • Defensa: entrada, interceptación.
– A nivel táctico:
  • Ataque: pase al pie, pase al espacio, desmarque de apoyo
  y de ruptura, control del juego, juego en progresión.
  • Defensa: anticipación, marcaje en zona.

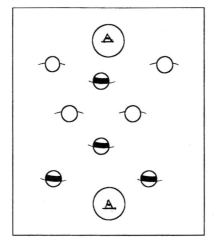

ACTIVIDAD 209

Material: 6 conos, 1 balón.
Número de jugadores: 8.
Espacio: La actividad se desarrolla en un espacio de:
 – Fútbol sala: 40 x 20 m.
 – Fútbol: 40 x 30 m.
Descripción de la actividad: 2 equipos de 4 jugadores se enfrentan entre sí de la siguiente manera:
 El objetivo de la actividad consiste en darle a uno de los 3 conos defendidos por cada uno de los equipos.
 Consideraciones:
 – Los conos se situarán entre la línea de fondo y la línea discontinua (señalizada en el dibujo). Ningún jugador podrá entrar en dicha zona.
Consigna: Todos los jugadores juegan a 2 toques.
Objetivos:
 – A nivel condicional:
   • Fútbol sala: 40 x 20 m: resistencia mixta.
   • Fútbol: 40 x 30 m: resistencia mixta.
 – A nivel técnico:
   • Ataque: el pase, la pared, el control-recepción, el regate simple, el golpeo.
   • Defensa: entrada, interceptación.
 – A nivel táctico:
   • Ataque: pase al pie, pase al espacio, desmarque de apoyo y de ruptura, control del juego, juego en progresión y amplitud.
   • Defensa: anticipación, marcaje en zona, coberturas, permutas y repliegue.

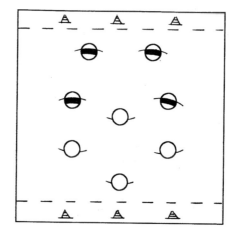

ACTIVIDAD 210

Material: 6 picas, 1 balón.
Número de jugadores: 8.
Espacio: La actividad se desarrolla en un espacio de:
- Fútbol sala: 40 x 20 m.
- Fútbol: 40 x 30 m.

Descripción de la actividad: 2 equipos de 4 jugadores se enfrentan entre sí de la siguiente manera:
El objetivo de la actividad consiste en darle a una de las 3 picas defendidas por cada uno de los equipos.
Consideraciones:
- Las picas se situarán entre la línea de fondo y la línea discontinua (señalizada en el dibujo). Ningún jugador podrá entrar en dicha zona.
- El tanto únicamente será válido si el balón es golpeado con la cabeza.
Consigna: Todos los jugadores juegan a toques libres.
Objetivos:
- A nivel condicional:
  • Fútbol sala: 40 x 20 m: resistencia específica I.
  • Fútbol: 40 x 30 m: resistencia específica I.
- A nivel técnico:
  • Ataque: la elevación, el pase, la pared, el control-recepción, la conducción, el regate simple y compuesto, el golpeo de cabeza.
  • Defensa: entrada, interceptación, carga, despeje.
- A nivel táctico:
  • Ataque: pase al pie, pase al espacio, desmarque de apoyo y de ruptura, juego aéreo, juego en progresión y amplitud.
  • Defensa: cobertura, permuta, anticipación, marcaje en zona.

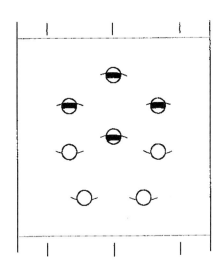

ACTIVIDAD 211

Material: 4 conos, 1 balón.
Número de jugadores: 8.
Espacio: La actividad se desarrolla en un espacio de:
– Fútbol sala: 40 x 20 m.
– Fútbol: 40 x 30 m.
Descripción de la actividad: 2 equipos de 4 jugadores se enfrentan entre sí de la siguiente manera:
El objetivo de la actividad consiste en rodear un cono de los 4 situados en cada lado del espacio.
Consideraciones:
– Los cuatro conos pueden ser rodeados por ambos equipos.
Consigna: Todos los jugadores juegan a toques libres.
Objetivos:
– A nivel condicional:
  • Fútbol sala: 40 x 20 m: resistencia específica I.
  • Fútbol: 40 x 30 m: resistencia específica I.
– A nivel técnico:
  • Ataque: el pase, la pared, el control-recepción, la conducción, el regate simple y compuesto.
  • Defensa: interceptación, carga, entrada.
– A nivel táctico:
  • Ataque: pase al pie, pase al espacio, desmarque de apoyo y de ruptura, control del juego.
  • Defensa: anticipación, marcaje mixto.

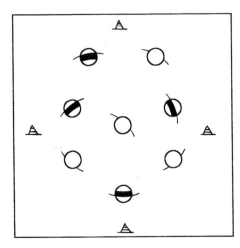

ACTIVIDAD 212

Material: 2 conos, 2 porterías reducidas y 1 balón.
Número de jugadores: 8.
Espacio: La actividad se desarrolla en un espacio de:
– Fútbol sala: 40 x 20 m.
– Fútbol: 40 x 30 m.
Descripción de la actividad: 2 equipos de 4 jugadores se enfrentan
entre sí de la siguiente manera:
El objetivo de la actividad consiste en introducir el balón en la portería
adversaria o rodear uno de los dos conos situados a ambos lados del
espacio de juego.
Consideraciones:
– Se consigue tanto si es gol o se rodea el cono con el balón
controlado.
– No hay portero.
Consigna: Todos los jugadores juegan a toques libres.
Objetivos:
– A nivel condicional:
• Fútbol sala: 40 x 20 m: resistencia mixta.
• Fútbol: 40 x 30 m: resistencia mixta.
– A nivel técnico:
• Ataque: el pase, la pared, el control-recepción, la conducción,
el regate simple y compuesto, el golpeo.
• Defensa: interceptación, despeje, entrada.
– A nivel táctico:
• Ataque: pase al pie, pase al espacio, desmarque de apoyo
y de ruptura, control del juego, juego en progresión y amplitud.
• Defensa: anticipación, marcaje en zona.

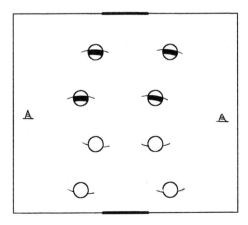

ACTIVIDAD 213

Material: 4 conos, 2 porterías reducidas y 1 balón.

Número de jugadores: 8.

Espacio: La actividad se desarrolla en un espacio de:

– Fútbol sala: 40 x 20 m.

– Fútbol: 40 x 30 m.

Descripción de la actividad: 2 equipos de 4 jugadores se enfrentan entre sí de la siguiente manera:

El objetivo de la actividad consiste en introducir el balón en la portería adversaria o en contactar a uno de los dos conos situados a ambos lados del espacio del juego.

Consideraciones:

– Se consigue tanto si es gol o se golpea al cono con el balón controlado.

– No hay portero.

Consigna: Todos los jugadores juegan a 2 toques.

Objetivos:

– A nivel condicional:

  • Fútbol sala: 40 x 20 m: resistencia mixta.

  • Fútbol: 40 x 30 m: resistencia mixta.

– A nivel técnico:

  • Ataque: el pase, la pared, el control-recepción, el regate simple y compuesto, el golpeo.

  • Defensa: interceptación, despeje, entrada.

– A nivel táctico:

  • Ataque: pase al pie, pase al espacio, desmarque de apoyo y de ruptura, control del juego, juego en progresión y amplitud.

  • Defensa: anticipación, marcaje en zona.

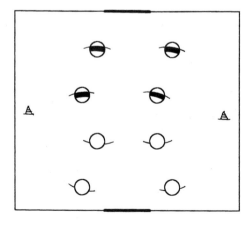

ACTIVIDAD 214

Material: 4 conos, 2 porterías reducidas y 1 balón.
Número de jugadores: 8.
Espacio: La actividad se desarrolla en un espacio de:
– Fútbol sala: 40 x 20 m.
– Fútbol: 40 x 30 m.
Descripción de la actividad: 2 equipos de 4 jugadores se enfrentan
entre sí de la siguiente manera:
El objetivo de la actividad consiste en introducir el balón en la portería
adversaria o en contactar uno de los dos conos situados a ambos
lados de la portería.
Consideraciones:
– El tanto es válido si se consigue en la portería o se le da al cono.
– El gol en la portería vale doble.
– No hay portero.
Consigna: Todos los jugadores juegan a toques libres.
Objetivos:
– A nivel condicional:
• Fútbol sala: 40 x 20 m: resistencia mixta.
• Fútbol: 40 x 30 m: resistencia mixta.
– A nivel técnico:
• Ataque: la elevación, el pase, la pared, el control-recepción,
la conducción, el regate simple y compuesto.
• Defensa: interceptación, despeje, entrada.
– A nivel táctico:
• Ataque: pase al pie, pase al espacio, desmarque de apoyo
y de ruptura, control del juego, juego en progresión y amplitud,
cambios de orientación.
• Defensa: anticipación, marcaje en zona.

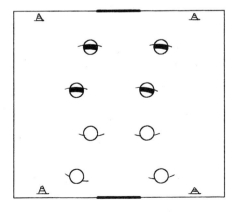

ACTIVIDAD 215

Material: 4 conos, 2 porterías reducidas y 1 balón.
Número de jugadores: 8.
Espacio: La actividad se desarrolla en un espacio de:
– Fútbol sala: 40 x 20 m.
– Fútbol: 40 x 30 m.

Descripción de la actividad: 2 equipos de 4 jugadores se enfrentan entre sí de la siguiente manera:
El objetivo de la actividad consiste en introducir el balón en la portería adversaria o en contactar uno de los dos conos situados a ambos lados de la portería.
Consideraciones:
– El tanto es válido si se consigue con la cabeza en la portería o si se le da al cono.
– El gol en la portería vale doble.
– No hay portero.
Consigna: Todos los jugadores juegan a toques libres.
Objetivos:
– A nivel condicional:
  • Fútbol sala: 40 x 20 m: resistencia específica I.
  • Fútbol: 40 x 30 m: resistencia específica I.
– A nivel técnico:
  • Ataque: la elevación, el pase, la pared, el control-recepción, la conducción, el regate simple y compuesto, el golpeo de cabeza.
  • Defensa: interceptación, despeje, entrada, carga.
– A nivel táctico:
  • Ataque: pase al pie, pase al espacio, desmarque de apoyo y de ruptura, control del juego, juego en progresión y amplitud, juego aéreo, cambios de orientación.
  • Defensa: anticipación, marcaje en zona, coberturas y permutas.

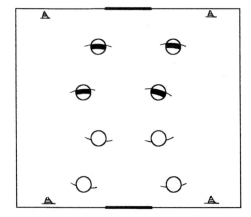

ACTIVIDAD 216

Material: 3 conos, 1 portería reducida y 1 balón.
Número de jugadores: 8.
Espacio: La actividad se desarrolla en un espacio de:
– Fútbol sala: 40 x 20 m.
– Fútbol: 40 x 40 m.
Descripción de la actividad: 2 equipos de 4 jugadores se enfrentan entre sí de la siguiente manera:
El objetivo de la actividad consiste en introducir el balón en la portería adversaria mientras que el equipo contrario intenta darle a uno de los 3 conos.
Consideraciones:
– No hay portero.
Consigna: Todos los jugadores juegan a 2 toques.
Objetivos:
– A nivel condicional:
  • Fútbol sala: 40 x 20 m: resistencia específica II.
  • Fútbol: 40 x 30 m: resistencia específica II.
– A nivel técnico:
  • Ataque: el pase, la pared, el control-recepción, el regate simple y el golpeo.
  • Defensa: interceptación, despeje, entrada.
– A nivel táctico:
  • Ataque: pase al pie, pase al espacio, desmarque de apoyo y de ruptura, control del juego, juego en progresión y amplitud.
  • Defensa: anticipación, marcaje en zona.

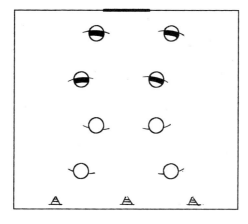

ACTIVIDAD 217

Material: 4 conos, y 1 balón.
Número de jugadores: 8.
Espacio: La actividad se desarrolla en un espacio de:
 – Fútbol sala: 40 x 20 m.
 – Fútbol: 40 x 40 m.
Descripción de la actividad: 2 equipos de 4 jugadores se enfrentan entre sí de la siguiente manera:
 El objetivo de la actividad consiste en darle a uno de los 2 conos defendidos por cada uno de los equipos.
 Consideraciones:
 – Los equipos defienden los 2 conos situados ambos lados (perpendiculares).
 – No hay portero.
Consigna: Todos los jugadores juegan a 2 toques.
Objetivos:
 – A nivel condicional:
  • Fútbol sala: 40 x 20 m: resistencia mixta.
  • Fútbol: 40 x 30 m: resistencia mixta.
 – A nivel técnico:
  • Ataque: el pase, la pared, el control-recepción, el regate simple y el golpeo.
  • Defensa: interceptación, entrada.
 – A nivel táctico:
  • Ataque: pase al pie, pase al espacio, desmarque de apoyo y de ruptura, control del juego, juego en progresión y amplitud, cambios de orientación.
  • Defensa: anticipación, vigilancia, marcaje mixto.

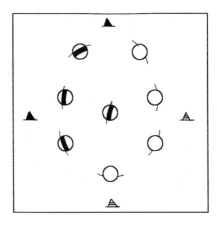

ACTIVIDAD 218

Material: 4 conos, y 1 balón.
Número de jugadores: 8.
Espacio: La actividad se desarrolla en un espacio de:
– Fútbol sala: 40 x 20 m.
– Fútbol: 40 x 40 m.
Descripción de la actividad: 2 equipos de 4 jugadores se enfrentan
entre sí de la siguiente manera:
El objetivo de la actividad consiste en darle a uno de los 2 conos
defendidos por cada uno de los equipos.
Consideraciones:
– Los equipos defienden los 2 conos situados en lados opuestos
(paralelos).
– No hay portero.
Consigna: Todos los jugadores juegan a 2 toques.
Objetivos:
– A nivel condicional:
• Fútbol sala: 40 x 20 m: resistencia específica I.
• Fútbol: 40 x 30 m: resistencia específica I.
– A nivel técnico:
• Ataque: el pase, la pared, el control-recepción, el regate simple
y el golpeo.
• Defensa: interceptación, entrada.
– A nivel táctico:
• Ataque: pase al pie, pase al espacio, desmarque de apoyo
y de ruptura, control del juego, juego en progresión.
• Defensa: anticipación, vigilancia, marcaje mixto.

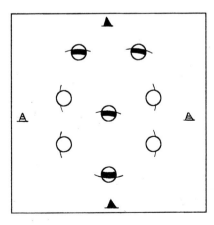

ACTIVIDAD 219

Material: 4 conos, 2 porterías reducidas y 1 balón.
Número de jugadores: 8.
Espacio: La actividad se desarrolla en un espacio de:
– Fútbol sala: 40 x 20 m.
– Fútbol: 40 x 40 m.
Descripción de la actividad: 2 equipos de 4 jugadores se enfrentan entre sí de la siguiente manera:
El objetivo de la actividad consiste en introducir el balón en la portería adversaria (señalizada en el dibujo de forma perpendicular al campo) o en contactar uno de los dos conos situados a ambos lados de la portería.
Consideraciones:
– El gol es válido tanto si pasa por uno u otro lado de la portería.
– No hay portero.
Consigna: Todos los jugadores juegan a 2 toques.
Objetivos:
– A nivel condicional:
   • Fútbol sala: 40 x 20 m: resistencia específica II.
   • Fútbol: 40 x 40 m: resistencia específica II.
– A nivel técnico:
   • Ataque: el pase, la pared, el control-recepción, el regate simple y el golpeo.
   • Defensa: interceptación, despeje, entrada.
– A nivel táctico:
   • Ataque: pase al pie, pase al espacio, desmarque de apoyo y de ruptura, control del juego, juego en progresión y amplitud, cambios de orientación.
   • Defensa: anticipación, repliegue, vigilancia, marcaje mixto.

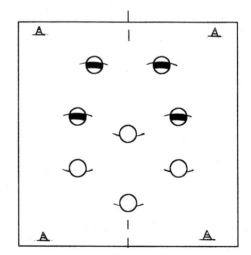

ACTIVIDAD 220

Material: 8 conos, 2 porterías reducidas y 1 balón.
Número de jugadores: 8.
Espacio: La actividad se desarrolla en un espacio de:
– Fútbol sala: 40 x 20 m.
– Fútbol: 40 x 40 m.
Descripción de la actividad: 2 equipos de 4 jugadores se enfrentan
entre sí de la siguiente manera:
El objetivo de la actividad consiste en introducir el balón en la portería
adversaria o en las porterías reducidas (señalizada por conos)
situadas a ambos lados de la misma.
Consideraciones:
– No hay portero.
Consigna: Todos los jugadores juegan a 2 toques.
Objetivos:
– A nivel condicional:
  • Fútbol sala: 40 x 20 m: resistencia específica II.
  • Fútbol: 40 x 40 m: resistencia específica II.
– A nivel técnico:
  • Ataque: el pase, la pared, el control-recepción, el regate simple
    y el golpeo.
  • Defensa: interceptación, despeje, entrada.
– A nivel táctico:
  • Ataque: pase
    al pie, pase
    al espacio,
    desmarque
    de apoyo y
    de ruptura,
    control
    del juego,
    juego en
    progresión
    y amplitud,
    cambios de
    orientación.
  • Defensa:
    anticipación,
    vigilancia,
    marcaje
    mixto,
    repliegue.

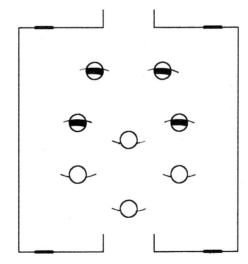

ACTIVIDAD 221

Material: 6 porterías reducidas y 1 balón.
Número de jugadores: 9.
Espacio: La actividad se desarrolla en un espacio de:
– Fútbol sala: 40 x 20 m.
– Fútbol: 40 x 40 m.
Descripción de la actividad: 3 equipos de 3 jugadores se enfrentan entre sí de la siguiente manera:
El equipo n° 1 defiende las porterías n° 1 y ataca las otras, situadas a ambos lados del espacio. Lo mismo sucede con los equipos n° 2 y 3.
Consideraciones:
– Los equipos no poseedores del móvil intentan interceptar el balón, produciéndose siempre un 6 contra 3.
– No hay portero.
Consigna: Todos los jugadores juegan a toques libres.
Objetivos:
– A nivel condicional:
• Fútbol sala: 40 x 20 m: resistencia específica I.
• Fútbol: 40 x 40 m: resistencia específica I.
– A nivel técnico:
• Ataque: el pase, la pared, el control-recepción, la conducción, el regate simple y compuesto, el golpeo.
• Defensa: interceptación, entrada.
– A nivel táctico:
• Ataque: pase al pie, pase al espacio, desmarque de apoyo y de ruptura, juego en progresión y amplitud, cambios de orientación.
• Defensa: anticipación, marcaje en zona, pressing al jugador poseedor del móvil.

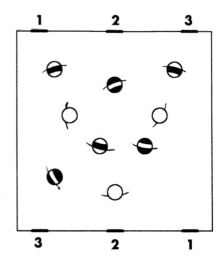

ACTIVIDAD 222

Material: 6 porterías reducidas y 1 balón.
Número de jugadores: 6.
Espacio: La actividad se desarrolla en un espacio de:
– Fútbol sala: 40 x 20 m.
– Fútbol: 40 x 40 m.
Descripción de la actividad: 3 equipos de 3 jugadores se enfrentan entre sí de la siguiente manera:
El equipo nº 1 defiende las porterías nº 1 y ataca las otras, situadas a ambos lados del espacio. Lo mismo sucede con el equipo nº 2.
Consideraciones:
– No hay portero.
Consigna: Todos los jugadores juegan a 2 toques.
Objetivos:
– A nivel condicional:
  • Fútbol sala: 40 x 20 m: resistencia específica II.
  • Fútbol: 40 x 40 m: resistencia específica II.
– A nivel técnico:
  • Ataque: el pase, la pared, el control-recepción, el regate simple y el golpeo.
  • Defensa: interceptación, entrada.
– A nivel táctico:
  • Ataque: pase al pie, pase al espacio, desmarque de apoyo y de ruptura, juego en progresión y amplitud, cambios de orientación.
  • Defensa: anticipación, vigilancia, marcaje mixto.

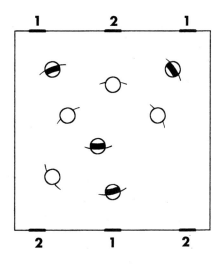

ACTIVIDAD 223

Material: 8 conos, 2 porterías reducidas y 1 balón.
Número de jugadores: 8.
Espacio: La actividad se desarrolla en un espacio de:
– Fútbol sala: 40 x 20 m.
– Fútbol: 40 x 40 m.
Descripción de la actividad: 2 equipos de 4 jugadores se enfrentan entre sí de la siguiente manera:
El objetivo de la actividad consiste en introducir el balón en la portería adversaria (señalizada en el dibujo de forma perpendicular al campo) o en las porterías reducidas (señalizada por conos), situadas a ambos lados de la misma.
Consideraciones:
– El gol es válido tanto si pasa por uno u otro lado de la portería central.
– No hay portero.
Consigna: Todos los jugadores juegan a 2 toques.
Objetivos:
– A nivel condicional:
• Fútbol sala: 40 x 20 m: resistencia específica II.
• Fútbol: 40 x 40 m: resistencia específica II.
– A nivel técnico:
• Ataque: el pase, la pared, el control-recepción, el regate simple y el golpeo.
• Defensa: interceptación, despeje, entrada.
– A nivel táctico:
• Ataque: pase al pie, pase al espacio, desmarque de apoyo y de ruptura, control del juego, juego en progresión y amplitud, cambios de orientación.
• Defensa: anticipación, vigilancia, repliegue, marcaje mixto.

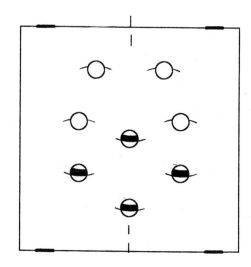

ACTIVIDAD 224

Material: 3 porterías reducidas y 1 balón.
Número de jugadores: 9.
Espacio: La actividad se desarrolla en un espacio de:
– Fútbol sala: 40 x 20 m.
– Fútbol: 40 x 40 m.
Descripción de la actividad: 3 equipos de 3 jugadores se enfrentan entre sí de la siguiente manera:
El equipo n° 1 defiende la portería n° 1 y ataca las otras dos mientras que sus adversarios n° 2 y 3 realizan lo mismo.
Consideraciones:
– Los equipos no poseedores del móvil intentan interceptar el balón produciéndose siempre un 6 contra 3.
– No hay portero.
Consigna: Todos los jugadores juegan a toques libres.
Objetivos:
– A nivel condicional:
• Fútbol sala: 40 x 20 m: resistencia específica I.
• Fútbol: 40 x 40 m: resistencia específica I.
– A nivel técnico:
• Ataque: el pase, la pared, el control-recepción, la conducción, el regate simple y compuesto, el golpeo.
• Defensa: interceptación, entrada.
– A nivel táctico:
• Ataque:
pase al pie,
pase al
espacio,
desmarque
de apoyo y
de ruptura,
juego en
progresión
y amplitud.
• Defensa:
anticipación,
marcaje
mixto,
pressing
al jugador
poseedor
del móvil.

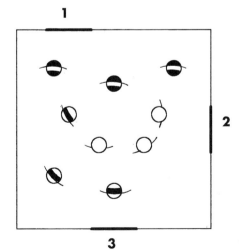

ACTIVIDAD 225

Material: 4 conos y 1 balón.
Número de jugadores: 8; 2 equipos de 4 jugadores.
Espacio: La actividad se desarrolla en un espacio de 40 x 20 m.
Descripción de la actividad: 2 equipos formados por 4 jugadores juegan un partido, intentando introducir el esférico en cualquiera de las dos porterías situadas en mitad del espacio.
Consideraciones:
– 2 jugadores de ambos equipos se ubicarán a ambos lados del terreno de juego, no pudiendo sobrepasar el espacio señalado.
– El gol será válido en cualquier portería y tanto por un lado como por otro.
Consigna: Todos los jugadores juegan a toques libres.
Objetivos:
– A nivel condicional: 40 x 20 m: resistencia mixta.
– A nivel técnico:
• Ataque: el pase, la pared, el control-recepción, la conducción, el regate simple y compuesto, el golpeo.
• Defensa: interceptación, carga, entrada.
– A nivel táctico:
• Ataque: desmarque de ruptura, desmarque de apoyo, pase al pie, pase al espacio, juego en progresión.
• Defensa: vigilancia, marcaje al hombre.

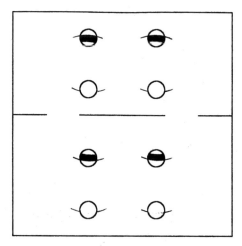

ACTIVIDAD 226

Material: 4 conos y 1 balón.
Número de jugadores: 8; 2 equipos de 4 jugadores.
Espacio: La actividad se desarrolla en un espacio de 40 x 20 m.
Descripción de la actividad: 2 equipos formados por 4 jugadores juegan un partido, intentando introducir el esférico en cualquiera de las dos porterías situadas en mitad del espacio.
Consideraciones:
– Los jugadores pueden desplazarse a ambos lados del terreno de juego. El gol será válido en cualquier portería y tanto por un lado como por otro.
Consigna: Todos los jugadores juegan a toques libres.
Objetivos:
– A nivel condicional: 40 x 20 m: resistencia específica II.
– A nivel técnico:
• Ataque: el pase, la pared, el control-recepción, la conducción, el regate simple y compuesto, el golpeo.
• Defensa: interceptación, carga, entrada.
– A nivel táctico:
• Ataque: desmarque de ruptura, desmarque de apoyo, pase al pie, pase al espacio, relevo, juego en progresión.
• Defensa: anticipación, marcaje al hombre.

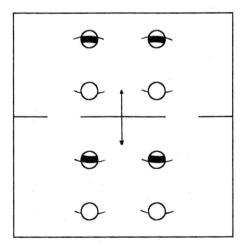

ACTIVIDAD 227

Material: 4 conos y 1 balón.
Número de jugadores: 9; 2 equipos de 4 jugadores y 1 comodín.
Espacio: La actividad se desarrolla en un espacio de 40 x 20 m.
Descripción de la actividad: 2 equipos formados por 4 jugadores
    juegan un partido, intentando introducir el esférico en cualquiera
    de las dos porterías situadas en mitad del espacio.
    Aparece la figura del comodín, que participará siempre con el equipo
    poseedor del móvil, desplazándose por todo el terreno de juego.
    Consideraciones:
    – 2 jugadores de ambos equipos se ubicarán a ambos lados
      del terreno de juego.
    – El gol será válido en cualquier portería y tanto por un lado como
      por otro.
Consigna: Todos los jugadores juegan a toques libres y el comodín a 2.
Objetivos:
    – A nivel condicional: 40 x 20 m: resistencia mixta.
    – A nivel técnico:
      • Ataque: el pase, la pared, el control-recepción, la conducción,
        el regate simple y compuesto, el golpeo.
      • Defensa: interceptación, carga, entrada.
    – A nivel táctico:
      • Ataque: desmarque de ruptura, desmarque de apoyo, pase
        al pie, pase al espacio, juego en progresión.
      • Defensa: vigilancia, anticipación, marcaje mixto.

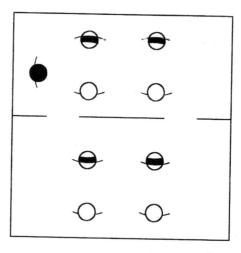

ACTIVIDAD 228

Material: 4 conos y 1 balón.
Número de jugadores: 9; 2 equipos de 4 jugadores y 1 comodín.
Espacio: La actividad se desarrolla en un espacio de 40 x 20 m.
Descripción de la actividad: 2 equipos formados por 4 jugadores
juegan un partido, intentando introducir el esférico en cualquiera
de las dos porterías situadas en mitad del espacio.
Aparece la figura del comodín, que participará siempre con el equipo
poseedor del móvil.
Consideraciones:
– Los jugadores pueden desplazarse a ambos lados del terreno de
juego. El gol será válido en cualquier portería y tanto por un lado
como por otro.
Consigna: Todos los jugadores juegan a toques libres y el comodín a 2.
Objetivos:
– A nivel condicional: 40 x 20 m: resistencia específica II.
– A nivel técnico:
• Ataque: el pase, la pared, el control-recepción, la conducción,
el regate simple y compuesto, el golpeo.
• Defensa: interceptación, carga, entrada.
– A nivel táctico:
• Ataque: desmarque de ruptura, desmarque de apoyo, pase
al pie, pase al espacio, juego en progresión.
• Defensa: vigilancia, anticipación, marcaje mixto.

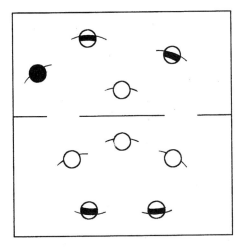

ACTIVIDAD 229

Material: 6 conos y 1 balón.

Número de jugadores: 8; 2 equipos de 4 jugadores.

Espacio: La actividad se desarrolla en un espacio de 40 x 30 m.

Descripción de la actividad: 2 equipos formados por 4 jugadores juegan un partido, intentando introducir el esférico en cualquiera de las tres porterías situadas en mitad del espacio.

Consideraciones:
- 2 jugadores de ambos equipos se ubicarán a ambos lados del terreno de juego, no pudiendo sobrepasar el espacio señalado.
- El gol será válido en cualquier portería y tanto por un lado como por otro.

Consigna: Todos los jugadores juegan a toques libres.

Objetivos:
- A nivel condicional: 40 x 30 m: resistencia mixta.
- A nivel técnico:
  - Ataque: el pase, la pared, el control-recepción, la conducción, el regate simple y compuesto, el golpeo.
  - Defensa: interceptación, carga, entrada.
- A nivel táctico:
  - Ataque: desmarque de ruptura, desmarque de apoyo, pase al pie, pase al espacio, juego en progresión y amplitud.
  - Defensa: vigilancia, anticipación, marcaje al hombre.

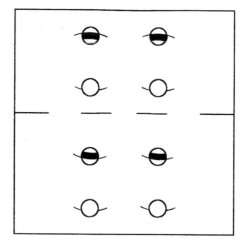

ACTIVIDAD 230

Material: 6 conos y 1 balón.
Número de jugadores: 8; 2 equipos de 4 jugadores.
Espacio: La actividad se desarrolla en un espacio de 40 x 30 m.
Descripción de la actividad: 2 equipos formados por 4 jugadores juegan un partido, intentando introducir el esférico en cualquiera de las tres porterías situadas en mitad del espacio.
Consideraciones:
– Los jugadores pueden desplazarse a ambos lados del terreno de juego. El gol será válido en cualquier portería y tanto por un lado como por otro.
Consigna: Todos los jugadores juegan a toques libres.
Objetivos:
– A nivel condicional: 40 x 30 m: resistencia específica II.
– A nivel técnico:
 • Ataque: el pase, la pared, el control-recepción, la conducción, el regate simple y compuesto, el golpeo.
 • Defensa: interceptación, carga, entrada.
– A nivel táctico:
 • Ataque: desmarque de ruptura, desmarque de apoyo, pase al pie, pase al espacio, juego en progresión.
 • Defensa: vigilancia, marcaje al hombre.

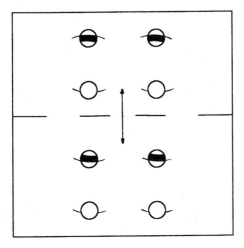

ACTIVIDAD 231

Material: 8 conos y 1 balón.
Número de jugadores: 8; 2 equipos de 4 jugadores.
Espacio: La actividad se desarrolla en un espacio de 40 x 20 m.
Descripción de la actividad: 2 equipos formados por 4 jugadores juegan un partido, intentando introducir el esférico en cualquier lado del cuadrado, teniendo en cuenta que por la zona central (a) el gol será válido si se golpea el balón con el pie no dominante, mientras que en zona lateral (b) el tanto será libre.
Consigna: Todos los jugadores juegan a toques libres.
Objetivos:
 – A nivel condicional: 40 x 20 m: resistencia mixta.
 – A nivel técnico:
  • Ataque: el pase, la pared, el control-recepción, la conducción, el regate simple y compuesto, el golpeo, trabajo de lateralidad.
  • Defensa: interceptación, carga, entrada.
 – A nivel táctico:
  • Ataque: desmarque de ruptura, desmarque de apoyo, pase al pie, pase al espacio, juego en progresión.
  • Defensa: vigilancia, anticipación, coberturas, permutas, repliegue, marcaje en zona.

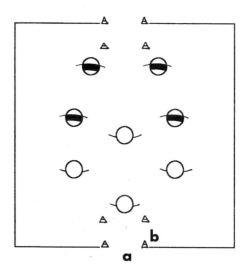

ACTIVIDAD 232

Material: 8 conos y 1 balón.
Número de jugadores: 8; 2 equipos de 4 jugadores.
Espacio: La actividad se desarrolla en un espacio de 40 x 20 m.
Descripción de la actividad: 2 equipos formados por 4 jugadores juegan un partido, intentando introducir el esférico en cualquier lado del cuadrado, teniendo en cuenta que por la zona central (a) el gol valdrá doble, mientras que en zona lateral (b) el tanto será normal.
Consigna: Todos los jugadores juegan a 2 toques.
Objetivos:
  – A nivel condicional: 40 x 20 m: resistencia mixta.
  – A nivel técnico:
    • Ataque: el pase, la pared, el control-recepción, la conducción, el regate simple, el golpeo.
    • Defensa: interceptación, carga, entrada.
  – A nivel táctico:
    • Ataque: desmarque de ruptura, desmarque de apoyo, pase al pie, pase al espacio, juego en progresión.
    • Defensa: vigilancia, anticipación, coberturas, permutas, repliegue, marcaje en zona.

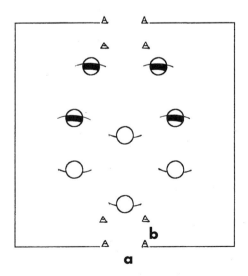

ACTIVIDAD 233

Material: 8 conos y 1 balón.
Número de jugadores: 8; 2 equipos de 4 jugadores.
Espacio: La actividad se desarrolla en un espacio de 40 x 20 m.
Descripción de la actividad: 2 equipos formados por 4 jugadores juegan un partido, intentando introducir el esférico en cualquier lado del cuadrado, teniendo en cuenta que por la zona central (a) el gol será válido sólo de cabeza, mientras que en zona lateral (b) el tanto será con el pie.
Consigna: Todos los jugadores juegan a toques libres.
Objetivos:
  – A nivel condicional: 40 x 20 m: resistencia mixta.
  – A nivel técnico:
   • Ataque: la elevación, el pase, la pared, el control-recepción, la conducción, el regate simple y compuesto, el golpeo.
   • Defensa: interceptación, carga, despeje, entrada.
  – A nivel táctico:
   • Ataque: desmarque de ruptura, desmarque de apoyo, pase al pie, pase al espacio, juego en progresión, juego aéreo.
   • Defensa: vigilancia, anticipación, coberturas, permutas, marcaje en zona.

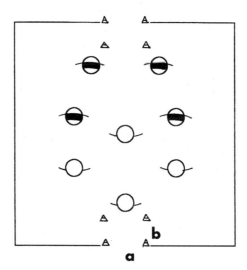

·ACTIVIDAD 234

Material: 2 tablas y 1 balón.
Número de jugadores: 8; 2 equipos de 4 jugadores.
Espacio: La actividad se desarrolla en un espacio de 40 x 20 m.
Descripción de la actividad: 2 equipos formados por 4 jugadores se enfrentan entre sí. El objetivo de la actividad consiste en golpear con el móvil la tabla adversaria.
Consigna: Todos los jugadores juegan a 2 toques.
Objetivos:
– A nivel condicional: 40 x 20 m: resistencia mixta.
– A nivel técnico:
• Ataque: el pase, la pared, el control-recepción, la conducción, el regate simple, el golpeo.
• Defensa: interceptación, carga, entrada.
– A nivel táctico:
• Ataque: desmarque de ruptura, desmarque de apoyo, pase al pie, pase al espacio, juego en progresión, control del juego.
• Defensa: vigilancia, anticipación, coberturas, permutas, marcaje en zona.

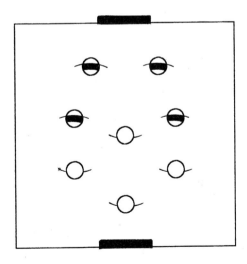

ACTIVIDAD 235

Material: 4 tablas y 1 balón.
Número de jugadores: 8; 2 equipos de 4 jugadores.
Espacio: La actividad se desarrolla en un espacio de:
– Fútbol sala: 40 x 20 m.
– Fútbol: 40 x 40 m
Descripción de la actividad: 2 equipos formados por 4 jugadores se enfrentan entre sí. El objetivo de la actividad consiste en golpear con el móvil una de las dos tablas adversarias.
Consigna: Todos los jugadores juegan a 2 toques.
Objetivos:
– A nivel condicional:
 • Fútbol sala: 40 x 20 m: resistencia mixta.
 • Fútbol: 40 x 40 m: resistencia específica II.
– A nivel técnico:
 • Ataque: el pase, la pared, el control-recepción, el regate simple, el golpeo.
 • Defensa: interceptación, carga, entrada.
– A nivel táctico:
 • Ataque: desmarque de ruptura, desmarque de apoyo, pase al pie, pase al espacio, juego en progresión y amplitud, cambios de orientación.
 • Defensa: vigilancia, anticipación, coberturas, permutas, marcaje en zona.

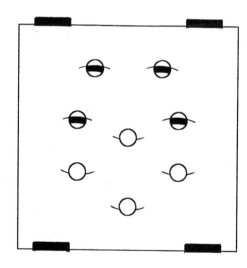

ACTIVIDAD 236

Material: 1 portería reducida y 1 balón.
Número de jugadores: 8; 2 equipos de 4 jugadores.
Espacio: La actividad se desarrolla en un espacio de:
– Fútbol sala: 40 x 20 m.
– Fútbol: 40 x 40 m
Descripción de la actividad: 2 equipos formados por 4 jugadores
se enfrentan entre sí. Mientras un equipo intenta conservar el
móvil el otro intenta conseguir gol en la portería.
Consideraciones:
– No existe el portero.
Consigna: Todos los jugadores juegan a 2 toques.
Objetivos:
– A nivel condicional:
• Fútbol sala: 40 x 20 m: resistencia mixta.
• Fútbol: 40 x 40 m: resistencia mixta.
– A nivel técnico:
• Ataque: el pase, la pared, el control-recepción, el regate simple,
el golpeo.
• Defensa: interceptación, carga, entrada.
– A nivel táctico:
• Ataque: desmarque de apoyo, pase al pie, pase al espacio,
juego en progresión, control del juego.
• Defensa: vigilancia, anticipación, marcaje mixto.

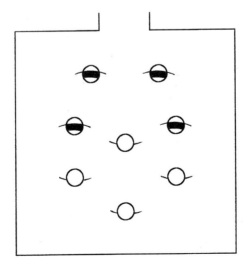

ACTIVIDAD 237

Material: 2 porterías reducidas y 1 balón.

Número de jugadores: 8; 2 equipos de 4 jugadores.

Espacio: La actividad se desarrolla en un espacio de:
- Fútbol sala: 40 x 20 m.
- Fútbol: 40 x 40 m

Descripción de la actividad: 2 equipos formados por 4 jugadores se enfrentan entre sí. El objetivo de la actividad consiste en mantener el móvil. Cuando el preparador dé una señal (silbato, etc.), los equipos intentarán introducir el balón en la portería adversaria.

Consideraciones:
- No existe el portero.

Consigna: Todos los jugadores juegan a 2 toques.

Objetivos:
- A nivel condicional:
  • Fútbol sala: 40 x 20 m: resistencia mixta.
  • Fútbol: 40 x 40 m: resistencia mixta.
- A nivel técnico:
  • Ataque: el pase, la pared, el control-recepción, el regate simple, el golpeo.
  • Defensa: interceptación, carga, entrada.
- A nivel táctico:
  • Ataque: desmarque de apoyo, pase al pie, pase al espacio, juego en progresión, control del juego.
  • Defensa: vigilancia, interceptación, anticipación, marcaje mixto.

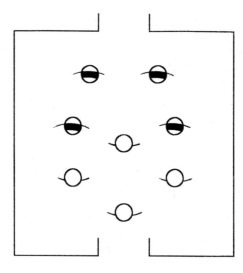

CAPÍTULO 16

ACTIVIDADES DE SUPERIORIDAD E INFERIORIDAD NUMÉRICA

ACTIVIDAD 238

Material: 1 portería y 1 balón.
Número de jugadores: 4; 3 jugadores y 1 portero.
Espacio: La actividad se desarrolla en un espacio de 20 x 15 m.
Descripción de la actividad: 2 jugadores tienen por objeto introducir el balón en la portería defendida por el portero mientras un defensor se opone a dicha acción.
Consideraciones:
– Se realiza un 2 por 1, ya que el portero sólo actúa en el caso de un golpeo hacia portería.
– El objetivo del defensor consiste en interceptar el móvil y despejarlo, quedando prohibido el pase al portero.
Consigna: Todos los jugadores juegan a toques libres.
Objetivos:
– A nivel condicional: resistencia mixta.
– A nivel técnico:
• Ataque: el pase, la pared, el control-recepción, la conducción, el regate simple y compuesto y el golpeo.
• Defensa: interceptación, carga, entrada, tackle, despeje.
– A nivel táctico:
• Ataque: desmarque de ruptura, desmarque de apoyo, pase al pie, pase al espacio, juego en progresión.
• Defensa: vigilancia, anticipación, marcaje en zona.

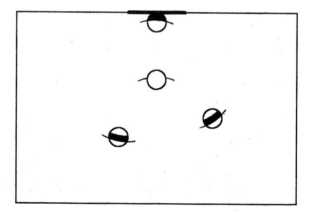

ACTIVIDAD 239

Material: 1 portería y 1 balón.

Número de jugadores: 3; 2 jugadores y 1 comodín.

Espacio: La actividad se desarrolla en un espacio de 20 x 20 m.

Descripción de la actividad: Aparece la figura del comodín, que
participará siempre con el jugador poseedor del móvil. El objeto
de la actividad consiste en introducir el balón en la portería reducida.
Consideraciones:
– Se realiza siempre un 2 contra 1.

Consigna: Todos los jugadores juegan a toques libres.

Objetivos:
   – A nivel condicional: resistencia mixta.
   – A nivel técnico:
      • Ataque: el pase, la pared, el control-recepción, la conducción,
      el regate simple y compuesto y el golpeo.
      • Defensa: interceptación, carga, entrada.
   – A nivel táctico:
      • Ataque: desmarque de ruptura, desmarque de apoyo, pase al pie,
      pase al espacio, juego en progresión.
      • Defensa: vigilancia, anticipación, marcaje en zona.

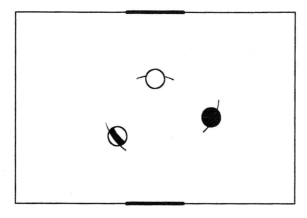

ACTIVIDAD 240

Material: 1 portería y 1 balón.
Número de jugadores: 6; 5 jugadores y 1 portero.
Espacio: La actividad se desarrolla en un espacio de 20 x 20 m.
Descripción de la actividad: 3 jugadores tienen por objeto introducir el balón en la portería defendida por el portero mientras dos defensores se oponen a dicha acción.
Consideraciones:
– Se realiza un 3 contra 2, ya que el portero sólo actúa en el caso de un golpeo hacia portería.
– El objetivo del defensor consiste en interceptar el móvil y despejarlo, quedando prohibido el pase al portero.
Consigna: Todos los jugadores juegan a toques libres.
Objetivos:
– A nivel condicional: resistencia específica I.
– A nivel técnico:
• Ataque: el pase, la pared, el control-recepción, la conducción, el regate simple y compuesto y el golpeo.
• Defensa: interceptación, carga, entrada, despeje.
– A nivel táctico:
• Ataque: desmarque de ruptura, desmarque de apoyo, pase al pie, pase al espacio, juego en progresión.
• Defensa: vigilancia, anticipación, coberturas, permuta, marcaje en zona.

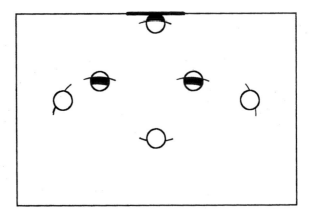

ACTIVIDAD 241

Material: 1 portería y 1 balón.

Número de jugadores: 8; 7 jugadores y 1 portero.

Espacio: La actividad se desarrolla en un espacio de 30 x 20 m.

Descripción de la actividad: 4 jugadores tienen por objeto introducir el balón en la portería defendida por el portero mientras que los 3 adversarios intentan sobrepasar la línea (señalizada en el dibujo) con el balón controlado.

Consideraciones:

– Se realiza un 4 contra 3, ya que el portero sólo actúa en el caso de un golpeo hacia portería.

– Queda prohibido el pase al portero.

Consigna: Todos los jugadores juegan a toques libres.

Objetivos:

– A nivel condicional: resistencia específica I.

– A nivel técnico:

• Ataque: el pase, la pared, el control-recepción, la conducción, el regate simple y compuesto y el golpeo.

• Defensa: interceptación, carga, entrada, despeje.

– A nivel táctico:

• Ataque: desmarque de ruptura, desmarque de apoyo, pase al pie, pase al espacio, juego en progresión y amplitud, cambios de orientación.

• Defensa: vigilancia, anticipación, coberturas, permuta, repliegue, marcaje en zona.

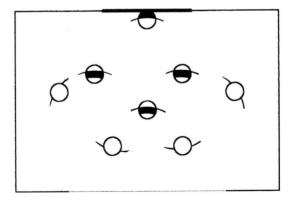

ACTIVIDAD 242

Material: 2 porterías y 1 balón.
Número de jugadores: 8; 6 jugadores y 2 porteros.
Espacio: La actividad se desarrolla en un espacio de 40 x 20 m.
Descripción de la actividad: El objetivo de la actividad consiste en realizar un 2 contra 1 en cada mitad del espacio, ya que el defensor no puede sobrepasar la línea central para atacar ni los atacantes bajar para defender.
Consideraciones:
– Actúan dos equipos de 3 jugadores realizando siempre un 2 contra 1, ya que los porteros sólo actúan en el caso de un golpeo hacia portería.
– Los jugadores del mismo equipo se pueden pasar el balón entre ellos, tanto de la defensa al ataque como del ataque a la defensa.
– Queda prohibido el pase al portero.
Consigna: Los defensores juegan a toques libres, mientras que los atacantes a 2.
Objetivos:
– A nivel condicional: resistencia mixta.
– A nivel técnico:
  • Ataque: el pase, la pared, el control-recepción, el regate simple y el golpeo.
  • Defensa: interceptación, carga, despeje, entrada.
– A nivel táctico:
  • Ataque: desmarque de ruptura, desmarque de apoyo, pase al pie, pase al espacio, juego en progresión.
  • Defensa: vigilancia, anticipación, marcaje en zona.

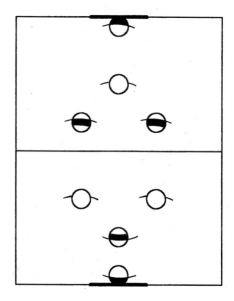

ACTIVIDAD 243

Material: 2 porterías reducidas y 1 balón.
Número de jugadores: 7; 6 jugadores y 1 comodín.
Espacio: La actividad se desarrolla en un espacio de 40 x 20 m.
Descripción de la actividad: De los 3 jugadores que conforman un
   equipo sólo 2 pueden pasar al campo contrario como atacantes y
   junto con la figura del comodín realizarán un 3 contra 2, ya que el
   atacante del equipo contrario no puede bajar a defender.
   Consideraciones:
   – El comodín participará siempre con el equipo poseedor del móvil,
     desplazándose a uno y otro espacio.
   – El objetivo de la actividad consiste en conseguir tanto en la portería
     reducida.
Consigna: Todos los jugadores juegan a 2 toques.
Objetivos:
   – A nivel condicional: resistencia mixta.
   – A nivel técnico:
     • Ataque: el pase, la pared, el control-recepción, el regate simple
       y el golpeo.
     • Defensa: interceptación, carga, despeje, entrada.
   – A nivel táctico:
     • Ataque:
       desmarque
       de ruptura,
       desmarque
       de apoyo,
       pase al pie,
       pase
       al espacio,
       relevo, juego
       en progresión.
     • Defensa:
       vigilancia,
       interceptación,
       anticipación,
       marcaje en
       zona,
       repliegue,
       coberturas
       y permutas.

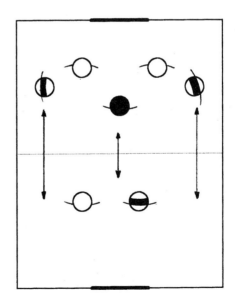

ACTIVIDAD 244

Material: 2 porterías y 1 balón.

Número de jugadores: 8; 6 jugadores y 2 porteros.

Espacio: La actividad se desarrolla en un espacio de 30 x 20 m.

Descripción de la actividad: De los 3 jugadores que conforman cada equipo sólo 2 pueden participar cuando se encuentren en defensa, mientras que cuando recuperen el balón volverán a participar con 3 jugadores. Siempre aparecerá un 3 contra 2.

Consideraciones:

– El objeto de la actividad consiste en conseguir tanto en la portería.

– El portero sólo actúa en el caso de un golpeo hacia portero.

– No se permite el pase al portero

Consigna: Todos los jugadores juegan a 2 toques.

Objetivos:

– A nivel condicional: resistencia mixta.

– A nivel técnico:

  • Ataque: el pase, la pared, el control-recepción, el regate simple y el golpeo.

  • Defensa: interceptación, carga, despeje, entrada.

– A nivel táctico:

  • Ataque: desmarque de ruptura, desmarque de apoyo, pase al pie, pase al espacio, juego en progresión.

  • Defensa: vigilancia, anticipación, coberturas, permutas, marcaje en zona, repliegue.

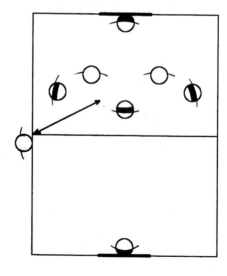

ACTIVIDAD 245

Material: 2 porterías y 1 balón.

Número de jugadores: 10; 8 jugadores y 2 porteros.

Espacio: La actividad se desarrolla en un espacio de:
- Fútbol sala: 40 x 20 m.
- Fútbol: 40 x 40 m.

Descripción de la actividad: De los 4 jugadores que conforman cada equipo sólo 3 pueden participar cuando se encuentren en defensa, mientras que cuando recuperen el balón volverán a participar con 4 jugadores. Siempre aparecerá un 4 contra 3.

Consideraciones:
- El objeto de la actividad consiste en conseguir tanto en la portería.
- El portero sólo actúa en el caso de un golpeo hacia el portero.
- No se permite el pase al portero.

Consigna: Todos los jugadores juegan a 2 toques.

Objetivos:
- A nivel condicional:
  - Fútbol sala: 40 x 20 m: resistencia mixta.
  - Fútbol: 40 x 40 m: resistencia mixta.
- A nivel técnico:
  - Ataque: el pase, la pared, el control-recepción, el regate simple y el golpeo.
  - Defensa: interceptación, carga, despeje, entrada.
- A nivel táctico:
  - Ataque: desmarque de ruptura, desmarque de apoyo, pase al pie, pase al espacio, juego en progresión.
  - Defensa: vigilancia, anticipación, coberturas, permutas, marcaje en zona, repliegue.

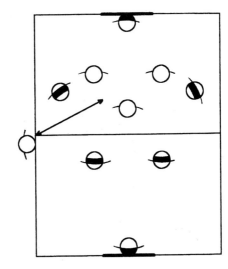

ACTIVIDAD 246

Material: 2 porterías reducidas y 1 balón.
Número de jugadores: 6.
Espacio: La actividad se desarrolla en un espacio de 40 x 20 m.
Descripción de la actividad: El objetivo de la actividad consiste en realizar un 3 contra 2 en cada mitad del espacio, ya que un atacante no puede sobrepasar la línea central para defender su marco. Sin embargo, todos los defensores se pueden convertir en atacantes.
Consideraciones:
– Los jugadores del mismo equipo se pueden pasar el balón entre ellos, tanto de la defensa al ataque como del ataque a la defensa.
Consigna: Todos los jugadores juegan a toques libres.
Objetivos:
– A nivel condicional: resistencia mixta.
– A nivel técnico:
  • Ataque: el pase, la pared, el control-recepción, la conducción, el regate simple y compuesto, el golpeo.
  • Defensa: interceptación, carga, despeje, entrada.
– A nivel táctico:
  • Ataque: desmarque de ruptura, desmarque de apoyo, pase al pie, pase al espacio, juego en progresión, relevo, contraataque.
  • Defensa: vigilancia, anticipación, coberturas, permutas, marcaje en zona.

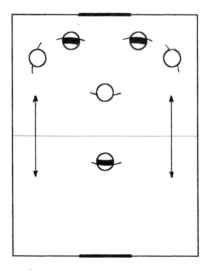

ACTIVIDAD 247

Material: 2 conos y 1 balón.
Número de jugadores: 6 jugadores y 1 comodín.
Espacio: La actividad se desarrolla en un espacio de 30 x 20 m.
Descripción de la actividad: 3 equipos de 2 jugadores se enfrentan de la siguiente manera:
El equipo poseedor del móvil intentará sobrepasar la línea de fondo con el balón controlado, mientras un equipo se opone a ello. Si se consigue interceptar el móvil se intercambian las funciones, atacando ahora el otro espacio.
Aparece la figura del comodín, que participará siempre con el equipo poseedor del móvil.
El objetivo de la actividad consiste en realizar un 3 contra 2 en cada mitad del espacio.
Consideraciones:
– Sólo participan 2 equipos en cada ataque.
– Si un equipo consigue tanto, atacará nuevamente al otro espacio.
Consigna: Todos los jugadores juegan a toques libres.
Objetivos:
– A nivel condicional: resistencia aeróbica.
– A nivel técnico:
• Ataque: el pase, la pared, el control-recepción, la conducción, el regate simple y compuesto.
• Defensa: interceptación, carga, entrada.
– A nivel táctico:
• Ataque: desmarque de ruptura, desmarque de apoyo, pase al pie, pase al espacio, juego en progresión y amplitud, cambios de orientación.
• Defensa: vigilancia, anticipación, coberturas, permutas, marcaje en zona.

10 m

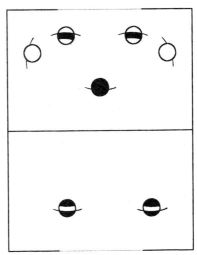

10 m

ACTIVIDAD 248

Material: 1 balón.
Número de jugadores: 4.
Espacio: La actividad se desarrolla en un espacio de 40 x 10 m.
Descripción de la actividad: El espacio se divide en 4 zonas de 10 m de longitud. En cada zona se producirá un 2 contra 1. Si los 2 atacantes superan al defensor, se desplazarán hacia la siguiente zona, donde les esperará otro defensor.
Cada defensor se desplazará hacia la zona no ocupada para hacer la cobertura a su compañero.
Consigna: Todos los jugadores juegan a toques libres.
Objetivos:
– A nivel condicional: resistencia específica I.
– A nivel técnico:
  • Ataque: el pase, la pared, el control-recepción, el regate simple y compuesto.
  • Defensa: interceptación, carga, despeje, entrada.
– A nivel táctico:
  • Ataque: desmarque de apoyo, pase al pie, pase al espacio, juego en progresión.
  • Defensa: vigilancia, anticipación, coberturas, permutas, marcaje en zona.

10 m

10 m

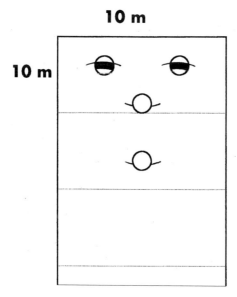

ACTIVIDAD 249

Material: 2 porterías reducidas y 1 balón.

Número de jugadores: 9; 8 jugadores y 1 comodín.

Espacio: La actividad se desarrolla en un espacio de 40 x 25 m.

Descripción de la actividad: El objetivo de la actividad consiste en realizar un 3 contra 2 en cada mitad del espacio, ya que los defensores no pueden sobrepasar la línea central para atacar ni los atacantes bajar para defender.

Aparece la figura del comodín, que participará siempre con el equipo poseedor del móvil, desplazándose a un lado a otro por el espacio delimitado.

Consideraciones:

– El comodín no puede entrar en el espacio central ni los jugadores invadir su zona.

Consigna: Todos los jugadores juegan a 2 toques.

Objetivos:

– A nivel condicional: resistencia específica I.

– A nivel técnico:

  • Ataque: el pase, la pared, el control-recepción, el regate simple y el golpeo.

  • Defensa: interceptación, carga, despeje, entrada.

– A nivel táctico:

  • Ataque: desmarque de ruptura, desmarque de apoyo, pase al pie, pase al espacio, juego en progresión y amplitud.

  • Defensa: vigilancia, anticipación, coberturas, permutas, marcaje en zona.

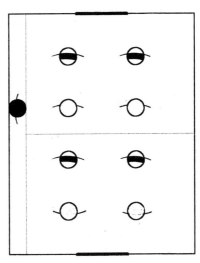

5 m　　　**20 m**

ACTIVIDAD 250

Material: 2 porterías reducidas y 1 balón.
Número de jugadores: 7.
Espacio: La actividad se desarrolla en un espacio de 40 x 20 m.
Descripción de la actividad: Un equipo formado por 4 jugadores tiene que conseguir introducir el esférico en una de las 2 porterías reducidas, mientras sus adversarios, compuestos por 3 jugadores, intentan sobrepasar la línea de fondo con el balón controlado.
Consigna: Todos los jugadores juegan a toques libres.
Objetivos:
  – A nivel condicional: resistencia mixta.
  – A nivel técnico:
    • Ataque: el pase, la pared, el control-recepción, la conducción, el regate simple y compuesto y el golpeo.
    • Defensa: interceptación, carga, despeje, entrada.
  – A nivel táctico:
    • Ataque: desmarque de ruptura, desmarque de apoyo, pase al pie, pase al espacio, juego en progresión y amplitud, cambios de orientación.
    • Defensa: vigilancia, anticipación, coberturas, permutas, marcaje en zona, repliegue.

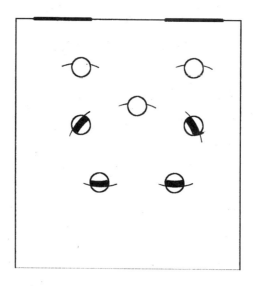

BIBLIOGRAFÍA

ARTERO, V.: Apuntes de clase asignatura "Aplicación específica II Fútbol", INEF, 3er curso, Barcelona, 1989-1990.

BERTALANFFY, L.: *Perspectivas en la teoría general de sistemas*. Ed. Alianza Universidad, Madrid, 3ª ed. 1992.

BLÁZQUEZ, D.: *Iniciación a los deportes de equipo*. Ed. Martínez Roca, Barcelona, 1986.

CHIFFLET, P.: "La enseñanza del fútbol", Rev. *E.P.S.*, nº 161-162, 1980.

DOMÍNGUEZ, E.; VALVERDE, A.: "Nueva concepción y organización de los deportes colectivos. Mapa conceptual del fútbol", Revista entrenamiento deportivo, vol. VII, 2º trimestre, nº 2, 1993.

DUFOUR, J.: "Los pases... al adversario", Rev. *E.P.S.*, nº 90-91-92, 1968.

DUGRAND, M.: "El fútbol en el medio escolar", Rev. *E.P.S.*, nº 131-132, 1975.

GODIK, M.A.; POPOV, A.V.: *La preparación del futbolista*, Ed. Paidotribo, Barcelona, 1993.

HERNÁNDEZ MORENO, J.: *Análisis de las estructuras de los juegos deportivos*, Inde, Barcelona, 1994.

LASSIERRA, G.; LAVEGA, P.: *"Práctica, teoría y metodología del ejercicio. Tomo I: Ejercicios y juegos de iniciación a los deportes de equipo"*, Ed. Paidotribo, Barcelona, 1994.

MEINEL, K.; SCHNABEL, G.: *Teoría del movimiento*, Ed. Stadium, Buenos Aires, 1988.

MERCIER, J.: "Juegos reducidos", Rev. *E.P.S.*, nº 192, 1985.

MERCIER, J.: "Juegos en desequilibrio numérico", Rev. *E.P.S.*, nº 193, 1985.

PARLEBAS, P.: *Contributión a un lexique commenté en science de l'action motrice*, Ed. INSEP, París, 1981.

PARLEBAS, P.: *Elementos de sociología del deporte*, Ed. Unisport, Málaga, 1988.

SEIRUL·LO, F.: "Interrelación en el entrenamiento", Jornadas de actualización del entrenamiento en fútbol. Colegio Territorial Catalán de entrenadores de fútbol, 1994.

SEIRU·LO, F.: Apuntes de clase asignatura "Educación Física de Base", INEF, 3er y 4º curso, 1989-1990-1991.

VANKERSSCHAVER, J.: "La formación en la escuela o en el club", Rev. *E.P.S.*, nº 177-178-179-180, 1980.

VÁZQUEZ, S.: *Conceptos de la técnica*, Ed. Sanz Esteban, Madrid, 1981.